心一堂術數古籍珍本叢刊

書名：馬泰青增釋蔣大鴻《挨星真詮》
系列：心一堂術數古籍珍本叢刊　堪輿類　第三輯　346
作者：【清】蔣大鴻　授　【清】馬泰青　增釋
主編、責任編輯：陳劍聰
心一堂術數古籍珍本叢刊編校小組：陳劍聰　素聞　鄒偉才　虛白盧主　丁鑫華

出版：心一堂有限公司
通訊地址：香港九龍旺角彌敦道六一〇號荷李活商業中心十八樓〇五—〇六室
深港讀者服務中心・中國深圳市羅湖區立新路六號羅湖商業大廈負一層〇〇八室
電話號碼：(852)9027-7110
網址：publish.sunyata.cc
電郵：sunyatabook@gmail.com
網店：http://book.sunyata.cc
淘寶店地址：https://sunyata.taobao.com
微店地址：https://weidian.com/s/1212826297
臉書：https://www.facebook.com/sunyatabook
讀者論壇：http://bbs.sunyata.cc/

版次：二零二二年三月初版
平裝

定價：港幣　二百八十八元正
　　　新台幣　一仟一百九十元正

國際書號：ISBN 978-988-8582-93-8

香港發行：香港聯合書刊物流有限公司
地址：香港新界荃灣德士古道二二〇—二四八號荃灣工業中心十六樓
電話號碼：(852)2150-2100
傳真號碼：(852)2407-3062
電郵：info@suplogistics.com.hk
網址：http://www.suplogistics.com.hk

台灣發行：秀威資訊科技股份有限公司
地址：台灣台北市內湖區瑞光路七十六巷六十五號一樓
電話號碼：+886-2-2796-3638
傳真號碼：+886-2-2796-1377
網絡書店：www.bodbooks.com.tw
台灣秀威書店讀者服務中心：
地址：台灣台北市中山區松江路二〇九號一樓
電話號碼：+886-2-2518-0207
傳真號碼：+886-2-2518-0778
網絡書店：http://www.govbooks.com.tw

中國大陸發行　零售：深圳心一堂文化傳播有限公司
深圳地址：深圳市羅湖區立新路六號羅湖商業大廈負一層〇〇八室
電話號碼：(86)0755-82224934

心一堂微店二維碼

心一堂淘寶店二維碼

心一堂術數古籍 珍本 整理 叢刊 總序

術數定義

術數，大概可謂以「推算（推演）、預測人（個人、群體、國家等）、事、物、自然現象、時間、空間方位等規律及氣數，並或通過種種『方術』，從而達致趨吉避凶或某種特定目的」之知識體系和方法。

術數類別

我國術數的內容類別，歷代不盡相同，例如《漢書・藝文志》中載，漢代術數有六類：天文、曆譜、五行、蓍龜、雜占、形法。至清代《四庫全書》，術數類則有：數學、占候、相宅相墓、占卜、命書、相書、陰陽五行、雜技術等，其他如《後漢書・方術部》、《藝文類聚・方術部》、《太平御覽・方術部》等，對於術數的分類，皆有差異。古代多把天文、曆譜、及部分數學均歸入術數類，而民間流行亦視傳統醫學作為術數的一環；此外，有些術數與宗教中的方術亦往往難以分開。現代民間則常將各種術數歸納為五大類別：命、卜、相、醫、山，通稱「五術」。

本叢刊在《四庫全書》的分類基礎上，將術數分為九大類別：占筮、星命、相術、堪輿、選擇、三式、讖諱、理數（陰陽五行）、雜術（其他）。而未收天文、曆譜、算術、宗教方術、醫學。

術數思想與發展——從術到學，乃至合道

我國術數是由上古的占星、卜筮、形法等術發展下來的。其中卜筮之術，是歷經夏商周三代而通過「龜卜、蓍筮」得出卜（筮）辭的一種預測（吉凶成敗）術，之後歸納並結集成書，此即現傳之《易

經》。經過春秋戰國至秦漢之際，受到當時諸子百家的影響、儒家的推崇，遂有《易傳》等的出現，原本是卜筮術書的《易經》，被提升及解讀成有包涵「天地之道（理）」之學。因此，《易・繫辭傳》曰：「易與天地準，故能彌綸天地之道。」

漢代以後，易學中的陰陽學說，與五行、九宮、干支、氣運、災變、律曆、卦氣、讖緯、天人感應說等相結合，形成易學中象數系統。而其他原與《易經》本來沒有關係的術數，如占星、形法、選擇，亦漸漸以易理（象數學說）為依歸。《四庫全書・易類小序》云：「術數之興，多在秦漢以後。要其旨，不出乎陰陽五行，生尅制化。實皆《易》之支派，傅以雜說耳。」至此，術數可謂已由「術」發展成「學」。

及至宋代，術數理論與理學中的河圖洛書、太極圖、邵雍先天之學及皇極經世等學說給合，通過術數以演繹理學中「天地中有一太極，萬物中各有一太極」（《朱子語類》）的思想。術數理論不單已發展至十分成熟，而且也從其學理中衍生一些新的方法或理論，如《梅花易數》、《河洛理數》等。

在傳統上，術數功能往往不止於僅僅作為趨吉避凶的方術，及「能彌綸天地之道」的學問，亦有其「修心養性」的功能，「與道合一」（修道）的內涵。《素問・上古天真論》：「上古之人，其知道者，法於陰陽，和於術數。」數之意義，不單是外在的算數、歷數、氣數，而是與理學中同等的「道」、「理」--心性的功能，北宋理氣家邵雍對此多有發揮：「聖人之心，是亦數也」、「萬化萬事生乎心」、「心為太極」。《觀物外篇》：「先天之學，心法也。……蓋天地萬物之理，盡在其中矣，心一而不分，則能應萬物。」反過來說，宋代的術數理論，受到當時理學、佛道及宋易影響，認為心性本質上是等同天地之太極。天地萬物氣數規律，能通過內觀自心而有所感知，即是內心也已具備有術數的推演及預測、感知能力；相傳是邵雍所創之《梅花易數》，便是在這樣的背景下誕生。

《易・文言傳》已有「積善之家，必有餘慶；積不善之家，必有餘殃」之說，至漢代流行的災變說及讖緯說，我國數千年來都認為天災，異常天象（自然現象），皆與一國或一地的施政者失德有關；下至家族、個人之盛衰，也都與一族一人之德行修養有關。因此，我國術數中除了吉凶盛衰理數之外，人心的德行修養，也是趨吉避凶的一個關鍵因素。

術數與宗教、修道

在這種思想之下，我國術數不單只是附屬於巫術或宗教行為的方術，又往往是一種宗教的修煉手段--通過術數，以知陰陽，乃至合陰陽（道）。「其知道者，法於陰陽，和於術數。」例如，「奇門遁甲」術中，即分為「術奇門」與「法奇門」兩大類。「法奇門」中有大量道教中符籙、手印、存想、內煉的內容，是道教內丹外法的一種重要外法修煉體系。甚至在雷法一系的修煉上，亦大量應用了術數內容。此外，相術、堪輿術中也有修煉望氣（氣的形狀、顏色）的方法；堪輿家除了選擇陰陽宅之吉凶外，也有道教中選擇適合修道環境（法、財、侶、地中的地）的方法，以至通過堪輿術觀察天地山川陰陽之氣，亦成為領悟陰陽金丹大道的一途。

易學體系以外的術數與的少數民族的術數

我國術數中，也有不用或不全用易理作為其理論依據的，如揚雄的《太玄》、司馬光的《潛虛》。也有一些占卜法、雜術不屬於《易經》系統，不過對後世影響較少而已。

外來宗教及少數民族中也有不少雖受漢文化影響（如陰陽、五行、二十八宿等學說。）但仍自成系統的術數，如古代的西夏、突厥、吐魯番等占卜及星占術，藏族中有多種藏傳佛教占卜術、苯教占卜術、擇吉術、推命術、相術等；北方少數民族有薩滿教占卜術；不少少數民族如水族、白族、布朗族、佤族、彝族、苗族等，皆有占雞（卦）草卜、雞蛋卜等術，納西族的占星術、占卜術，彝族畢摩的推命術、占卜術……等等，都是屬於《易經》體系以外的術數。相對上，外國傳入的術數以及其理論，對我國術數影響更大。

曆法、推步術與外來術數的影響

我國的術數與曆法的關係非常緊密。早期的術數中，很多是利用星宿或星宿組合的位置（如某星在某州或某宮某度）付予某種吉凶意義，并據之以推演，例如歲星（木星）、月將（某月太陽所躔之宮次）等。不過，由於不同的古代曆法推步的誤差及歲差的問題，若干年後，其術數所用之星辰的位置，已與真實星辰的位置不一樣了；此如歲星（木星），早期的曆法及術數以十二年為一周期（以應地支），與木星真實周期十一點八六年，每幾十年便錯一宮。後來術家又設一「太歲」的假想星體來解決，是歲星運行的相反，週期亦剛好是十二年。而術數中的神煞，很多即是根據太歲的位置而定。又如六壬術中的「月將」，原是立春節氣後太陽躔娵訾之次而稱作「登明亥將」，至宋代，因歲差的關係，要到雨水節氣後太陽才躔娵訾之次，當時沈括提出了修正，但明清時六壬術中「月將」仍然沿用宋代沈括修正的起法沒有再修正。

由於以真實星象周期的推步術是非常繁複，而且古代星象推步術本身亦有不少誤差，大多數術數除依曆書保留了太陽（節氣）、太陰（月相）的簡單宮次計算外，漸漸形成根據干支、日月等的各自起例，以起出其他具有不同含義的眾多假想星象及神煞系統。唐宋以後，我國絕大部分術數都主要沿用這一系統，也出現了不少完全脫離真實星象的術數，如《子平術》、《紫微斗數》、《鐵版神數》等。後來就連一些利用真實星辰位置的術數，如《七政四餘術》及選擇法中的《天星選擇》，也已與假想星象及神煞混合而使用了。

隨着古代外國曆（推步）、術數的傳入，如唐代傳入的印度曆法及術數，元代傳入的回回曆等，其中我國占星術便吸收了印度占星術中羅睺星、計都星等而形成四餘星，又通過阿拉伯占星術而吸收了其中來自希臘、巴比倫占星術的黃道十二宮、四大（四元素）學說（地、水、火、風），並與我國傳統的二十八宿、五行說、神煞系統並存而形成《七政四餘術》。此外，一些術數中的北斗星名，不用我國傳統的星名：天樞、天璇、天璣、天權、玉衡、開陽、搖光，而是使用來自印度梵文所譯的：貪狼、巨門、祿存、文曲，廉貞、武曲、破軍等，此明顯是受到唐代從印度傳入的曆法及占星術所影響。如星命術中的《紫微斗數》及堪輿術中的《撼龍經》等文獻中，其星皆用印度譯名。及至清初《時憲曆》，置閏之法則改用西法「定氣」。清代以後的術數，又作過不少的調整。

此外，我國相術中的面相術、手相術，唐宋之際受印度相術影響頗大，至民國初年，又通過翻譯歐西、日本的相術書籍而大量吸收歐西相術的內容，形成了現代我國坊間流行的新式相術。

陰陽學——術數在古代、官方管理及外國的影響

術數在古代社會中一直扮演着一個非常重要的角色，影響層面不單只是某一階層、某一職業、某一年齡的人，而是上自帝王，下至普通百姓，從出生到死亡，不論是生活上的小事如洗髮、出行等，大事如建房、入伙、出兵等，從個人、家族以至國家，從天文、氣象、地理到人事、軍事，從民俗、學術到宗教，都離不開術數的應用。我國最晚在唐代開始，已把以上術數之學，稱作陰陽（學），行術數者稱陰陽人。（敦煌文書、斯四三二七唐《師師漫語話》：「以下說陰陽人謾語話」，此說法後來傳入日本，今日本人稱行術數者為「陰陽師」）。一直到了清末，欽天監中負責陰陽術數的官員中，以及民間術數之士，仍名陰陽生。

古代政府的中欽天監（司天監），除了負責天文、曆法、輿地之外，亦精通其他如星占、選擇、堪輿等術數，除在皇室人員及朝庭中應用外，也定期頒行日書、修定術數，使民間對於天文、日曆用事吉凶及使用其他術數時，有所依從。

我國古代政府對官方及民間陰陽學及陰陽官員，從其內容、人員的選拔、培訓、認證、考核、律法監管等，都有制度。至明清兩代，其制度更為完善、嚴格。

宋代官學之中，課程中已有陰陽學及其考試的內容。（宋徽宗崇寧三年〔一一零四年〕崇寧算學令：「諸學生習……並曆算、三式、天文書。」「諸試……三式即射覆及預占三日陰陽風雨。天文即預

定一月或一季分野災祥，並以依經備草合問為通。」

金代司天臺，從民間「草澤人」（即民間習術數人士）考試選拔：「其試之制，以《宣明曆》試推步，及《婚書》、《地理新書》試合婚、安葬，並《易》筮法，六壬課、三命、五星之術。」（《金史》卷五十一・志第三十二・選舉一）

元代為進一步加強官方陰陽學對民間的影響、管理、控制及培育，除沿襲宋代、金代在司天監掌管陰陽學及中央的官學陰陽學課程之外，更在地方上增設陰陽學課程（《元史・選舉志一》：「世祖至元二十八年夏六月始置諸路陰陽學。」）地方上也設陰陽學教授員，培育及管轄地方陰陽人。（《元史・選舉志一》：「（元仁宗）延祐初，令陰陽人依儒醫例，於路、府、州設教授員，凡陰陽人皆管轄之，而上屬於太史焉。」）自此，民間的陰陽術士（陰陽人），被納入官方的管轄之下。

至明清兩代，陰陽學制度更為完善。中央欽天監掌管陰陽學，明代地方縣設陰陽學正術，各州設陰陽學典術，各縣設陰陽學訓術。陰陽人從地方陰陽學肆業或被選拔出來後，再送到欽天監考試。（《大明會典》卷二二三：「凡天下府州縣舉到陰陽人堪任正術等官者，俱從吏部送（欽天監），考中，送回選用；不中者發回原籍為民，原保官吏治罪。」）清代大致沿用明制，凡陰陽術數之流，悉歸中央欽天監及地方陰陽官員管理、培訓、認證。至今尚有「紹興府陰陽印」、「東光縣陰陽學記」等明代銅印，及某某縣某某之清代陰陽執照等傳世。

清代欽天監漏刻科對官員要求甚為嚴格。《大清會典》「國子監」規定：「凡算學之教，設肄業生。滿洲十有二人，蒙古、漢軍各六人，於各旗官學內考取。漢十有二人，於舉人、貢監生童內考取。附學生二十四人，由欽天監選送。教以天文演算法諸書，五年學業有成，舉人引見以欽天監博士用，貢監生童以天文生補用。」學生在官學肄業、貢監生肄業或考得舉人後，經過了五年對天文、算法、陰陽學的學習，其中精通陰陽術數者，會送往漏刻科。而在欽天監供職的官員，《大清會典則例》「欽天監」規定：「本監官生三年考核一次，術業精通者，保題升用。不及者，停其升轉，再加學習。如能黽勉供職，即予開復。仍不及者，降職一等，再令學習三年，能習熟者，准予開復，仍不能者，黜退。」除定期考核以定其升用降職外，《大清律例》中對陰陽術士不準確的推斷（妄言禍福）是要治罪的。《大清律例・一七八・術七・妄言禍福》：「凡陰陽術士，不許於大小文武官員之家妄言禍福，違者杖一百。其依經推算星命卜課，不在禁限。」大小文武官員延請的陰陽術士，自然是以欽天監漏刻科官員或地方陰陽官員為主。

官方陰陽學制度也影響鄰國如朝鮮、日本、越南等地，一直到了民國時期，鄰國仍然沿用着我國的多種術數。而我國的漢族術數，在古代甚至影響遍及西夏、突厥、吐蕃、阿拉伯、印度、東南亞諸國。

術數研究

術數在我國古代社會雖然影響深遠，「是傳統中國理念中的一門科學，從傳統的陰陽、五行、九宮、八卦、河圖、洛書等觀念作大自然的研究。……傳統中國的天文學、數學、煉丹術等，要到上世紀中葉始受世界學者肯定。可是，術數還未受到應得的注意。術數在傳統中國科技史、思想史，文化史、社會史，甚至軍事史都有一定的影響。……更進一步了解術數，我們將更能了解中國歷史的全貌。」（何丙郁《術數、天文與醫學中國科技史的新視野》，香港城市大學中國文化中心。）

可是術數至今一直不受正統學界所重視，加上術家藏秘自珍，又揚言天機不可洩漏，「（術數）乃吾國科學與哲學融貫而成一種學說，數千年來傳衍嬗變，或隱或現，全賴一二有心人為之繼續維繫，賴以不絕，其中確有學術上研究之價值，非徒癡人說夢，荒誕不經之謂也。其所以至今不能在科學中成立一種地位者，實有數因。蓋古代士大夫階級目醫卜星相為九流之學，多恥道之；而發明諸大師又故為惝恍迷離之辭，以待後人探索；間有一二賢者有所發明，亦秘莫如深，既恐洩天地之秘，復恐譏為旁門左道，始終不肯公開研究，成立一有系統說明之書籍，貽之後世。故居今日而欲研究此種學術，實一極困難之事。」（民國徐樂吾《子平真詮評註》，方重審序）

現存的術數古籍，除極少數是唐、宋、元的版本外，絕大多數是明、清兩代的版本。其內容也主要是明、清兩代流行的術數，唐宋或以前的術數及其書籍，大部分均已失傳，只能從史料記載、出土文獻、敦煌遺書中稍窺一鱗半爪。

術數版本

坊間術數古籍版本，大多是晚清書坊之翻刻本及民國書賈之重排本，其中豕亥魚魯，或任意增刪，往往文意全非，以至不能卒讀。現今不論是術數愛好者，還是民俗、史學、社會、文化、版本等學術研究者，要想得一常見術數書籍的善本、原版，已經非常困難，更遑論如稿本、鈔本、孤本等珍稀版本。在文獻不足及缺乏善本的情況下，要想對術數的源流、理法、及其影響，作全面深入的研究，幾不可能。

有見及此，本叢刊編校小組經多年努力及多方協助，在海內外搜羅了二十世紀六十年代以前漢文為主的術數類善本、珍本、鈔本、孤本、稿本、批校本等數百種，精選出其中最佳版本，分別輯入兩個系列：

一、心一堂術數古籍珍本叢刊

二、心一堂術數古籍整理叢刊

前者以最新數碼（數位）技術清理、修復珍本原本的版面，更正明顯的錯訛，部分善本更以原色彩色精印，務求更勝原本。并以每百多種珍本、一百二十冊為一輯，分輯出版，以饗讀者。

後者延請、稿約有關專家、學者，以善本、珍本等作底本，參以其他版本，古籍進行審定、校勘、注釋，務求打造一最善版本，方便現代人閱讀、理解、研究等之用。

限於編校小組的水平，版本選擇及考證、文字修正、提要內容等方面，恐有疏漏及舛誤之處，懇請方家不吝指正。

心一堂術數古籍 珍本 整理 叢刊編校小組

二零零九年七月序

二零一四年九月第三次修訂

序

形勢理氣之因如魂之附魄影之隨身無此則無彼有此則有彼乃一而二二而一者也夫陰陽二宅未立之先形勢理氣無所用之本無極也既立之後有形勢可據有理氣可憑是太極也有太極即有坐向待對是太極生兩儀也即有前後左右是兩儀生四象也有四正四隅是四象生八卦也即有八方之砂水門路得運失

運是八卦定吉凶也人事之否泰因之是吉凶
生大業也形勢既分陰陽二宅其理氣終歸於
一但陽宅之內外六事各有所宜較陰宅尤為
繁鎖耳陰宅以龍穴砂水為形勢為體用陽宅
以來龍為結局護砂水口則與陰宅無殊惟內
有房牀門窗香火廚竈井碓坑厠外有街衢道
路樓閣屋脊橋梁溝渠池塘之類如在城市之
中難辨來龍而傍街道以立宅如就小成局之

法須無護砂而鄰近之樓閣屋脊為嶠星如有護砂峰巒之法須無水口而本宅之大門為内水口街市之三义十字總路為外水口如看山谷水口之法得其氣運則宅旺人興失其氣運則宅衰人敗歷徵既往無不皆然世人祇知三合八宅為人用之吉如是凶亦如是千家一律其人事之各別毫無可憑實不知元運為之主宰吉凶因之以分無識者轉執三合八宅以議

三元九星謂八宅以東西配命三合以庫成局此法一定千載不移倘三元之盛衰有改九星之循環無窮則人之墓宅亦將轉徙不寧陡聞其言似覺彼之理伸此之理絀殊不知三元九星根乎天運如天時有四季之代謝寒暑之往來天時所降地上之榮枯應焉乃一歲之事也而三元九星者順序以行乎天地之間吉氣潛來受之不覺凶氣暗至避之無由乃一百八十

年之事、世人不詑一歲之往來、何以有寒暑、而
詑一百八十年之循環、不當有盛衰、其智愚豈
待辨而後判焉耶、且古人立法以福人者非禍
人也、以其至靈、故管郭以來、不輕傳於世、彼三
合創自一行、八宅造乎呂才、屢經解人斥駁而
孤陋者行之不疑、初亦惑於其說、繼得趙湘帆
先生祕本、又得李程萬先生祕傳、始晤向者學
謬一卷專言陽宅河圖為體洛書為用河圖以

五行分層間五子、又以運判吉凶、而以洛書九運參之一卷兼陰陽二宅、以言挨星、趨吉避凶之法神化無窮、惜黃注尚多掛漏、後學難以尋求、余不自揣、謹以師言而增釋之、別而為二、名曰陽宅真詮、挨星真詮、均作兩卷、上卷釋文、下卷圖說、然陽宅真詮、尚可公之於世、而挨星真詮則有可奪造化之權、經注釋必待其人而後授之、須迴非乾坤法竅、風水一書、地理正宗、地

理辨正疏等書之挨星可比、所以既釋之圖之
而又備叙之者欲去偽存真使後來之楊曾之
衣鉢尚在人間云爾

龍眠布衣叙

挨星真詮

大鴻蔣平階授　東川黄其龍注釋

道生楊文言藏　泰清馬清鶚增釋

四一同宫。準發科名之顯。

東川曰、四緑即文星、其本宫在巽、一白即魁星、其本宫在坎、局星、山星、運星、年星或二星三星或四星、同會於一處也

七九合伍。常興回禄之災。

東川曰、九紫後天火星也、七赤先天火數也、九紫之本宮在離、七赤之先天亦在離、二星同會於一方、其方不可動作、如有屋脊山峯錐塔在前後左右遇此二星同會之、即為合位定主火災

二五交加而損主。抑且重病。

東川曰、二黑陰慘之土、其本宮在坤、五黃燥烈之土、位居中央、五宮不拘臨門到向、房牀

竊曰、凡兩星交加之處必有禍殃

三七迭臨而刼盜更見官災。

東川曰三碧祿存之木其本宮在震七赤破軍之金其本宮在兌以金尅木而為刼盜木為金尅、而為官災均以九星之性而決生尅吉凶所主之事也

增釋曰同宮合位交加迭臨皆是會於一方之謂也九宮洛書千年不易之位謂之本宮

局山入中飛佈八方亦永遠不易者謂之飛宮九運之星入中飛佈八方一運一移宮謂之運星乃二十年一換運者也是謂之天星一卦即以向上所見之星入中依陰陽順逆飛佈謂之挨星則同宮合位交加迭臨是四層之星與年月相會於一方吉凶立見卦有八星有九而此八句為一篇之綱領祇言七星不及乾坤卦中六白八白兩星後却五段

分敘申明乾武曲艮左輔六八宮星之用學者細心玩之自解

一白為魁星之慶。牙笏文章。四綠號文曲之祥。天輔太乙還宮伏位為佳。交互疊逢尤美。

東川曰伏位者八方不動還宮者飛還本宮交互者文加魁魁遇文疊逢者魁加魁文遇文也

增釋曰伏位者局山四到四一到一也還宮

者運星到局山之四到四一到一也交互者一到四四到一也疊逢者山之四一與運之四一會而年月之四一又到方也或在龍或在局或在山或在向或在層間或在文峰或在水口與嶠星或在街衢橋梁或在門行房牀井竈不拘第宅旅館但得相逢無不應驗凡得訣者切不可輕為人用蓋科第者天之所以報施善人也考古人已往之事有廣行

善事之家天必與之以鼎甲若作損喪陰隲
之事天必奪其科第古今來所見非一、今之
挾秘訣者不問其祖父善惡何如輒為之作
用是逆天賞罰之權而妄貪酬則過不在人
而在自身矣可不慎歟且是訣不能不傳而
又不可濫傳故不得不再三叮囑也以下歷
舉其同宮之所在
故三九九六六三。惟乾六白。離九紫。震三碧。攀

龍有慶而六九三之間亦可蜚聲

增釋曰三九局運一四會於乾宮九六局運一四會於離宮六三局運一四會於震宮故攀龍有慶可知龍會於乾則乾間利會於離則離間利會於震則震間利故亦可蜚聲

一七七四四一但艮八白坤二黑中五黃附鳳呈祥而八二五之房均堪振羽

增釋曰一七局運四一會於艮宮七四局運

四一會於坤宮四一局運四一會於中宮故附鳳呈祥艮局利八白之房亦利坤局利二黑之房亦利中五局利中五之房亦利均堪振羽

八二五五八在兌七赤巽四綠坎一白登雲足賀而七四一之屋俱足題名

增釋曰八二局運二四會於兌宮二五局運一四會於巽宮五八局運一四會於坎宮故

登雲足賀其七四一之屋與前二節義同亦俱足題名不特局與間也內而門窗牀竈井碓外而樓橋街路河梁有四一臨之皆可為科名之助

遇殺退而無嫌逢生旺而益利

增釋曰此總承上三節而言倘四一為局運退氣煞氣而應試遇四一同宮則與別之退煞氣不同仍主科第若為生旺之氣則更吉

利矣

非特局與運可以參觀抑且年與月尤該並論

運若雙逢分大小水如交會辨三元

增釋曰此節言非但局運之為重而流年與

元運尤宜參看統運六十年為大運專運二

十年為小運每歲有入中宮之星為年星每

月有入中宮之星為月星究以局山合大運

及小運為主以要分大小也其年星月星以

為應驗之期及脩補造作趨吉避凶之法耳
但屋宅以局方為主而層間以圖運為君
增釋曰屋宅以洛書定九局分八方而層間
則必以河圖論五行辨三元二者並用不悖
常見坤局兌流左輔運臨而科名獨盛艮山兌
水巨門運至而甲第流芳
東川曰坤局二黑入中四綠文昌到兌八運
八白入中一白魁星到兌又艮山八白入中

一白魁星到兌、二運二黑入中、四綠文昌到兌、故均發科甲也、如遇此運、即用此山或此局、作用之妙秘之秘之不可輕易洩露也

下元癸卯坎局之中宮發科、歲在壬寅、兌上之六間入泮

東川曰坎局一白入中、癸卯四綠入中、六間水也、壬寅一白至坎小運四綠亦在坎也

增釋曰此皆下元八白運內、故將此法決斷

故白衣求官、秀才應舉、催之各有其法、而下寮望陞、廢官思起、興之亦異其方

增釋曰、求官與應舉不同、是以催之各有不同、望陞與起廢有異、是以興之亦各有異、第以煞旺須求生旺、或小堆大塔、龍局旺方加吉、而制煞不如化煞、或鐘樓臺閣、局山生位施工、

增釋曰、自一白為魁星之慶起、至此止、皆申

朋四一同宮之義，而又傍及求官、陞官、起廢三者。其應舉則一，即前科第之法。其求官望陞者，當於旺方修治，助其本山旺氣，官可得陞亦可必矣。其廢官所以廢者，必局、山、煞方有煞故也。然制之不如化之為善，如火來尅金，則制之必用水，以水能尅火，而水從金生，未免耗損金氣。惟化之之法，則化是用土，以土生金，其火轉去生土，不來尅金，此之謂局

山生佐施工也其扶救制化之法具有回天之力

發戌鍾樓臺閣居山生位施工

增釋曰。自一白為魁星之處起至此止。皆申明四一同宮之義。而又傍及求官陞官起廢三者。其應舉則一路前科第之法。其求官陞者。當於旺方修治。助其本山旺氣。官可得陞。宜方必先其廢宮所以廢者。必居山煞方有煞故也。然制之不如化之為善。如火來尅金則制之必用水。須水能尅火而水從金生。未免損耗金氣。惟化之之法則化是用土。以土生金。其火能去生土。不來尅金。此之謂居山生位施工也。其扶救制化之法。與有回天之力。

若夫七赤為先天火數九紫為後天火星旺宮單遇動乃為災煞處重逢
靜亦施燄或與廉貞疊至又見都天並臨無分動靜火患為殃
涑川曰廉貞五黃太歲也都天戊己土煞也
增釋曰七赤九紫相會於旺方倘脩造者犯之必主火災若七赤九紫
相會於旺方未嘗犯之而其方有山峰亭塔雖不脩造而火患之災
亦難免再遇五黃都天戊己臨之亦主瘟火相尋甚驗
故戊亥方之水路宜開不宜閉閉之者登時飛祟右弼宮之池井
可鑿不可填填之隨手生嗔

黄註曰戌亥乾方也乾為天門宜於開通右衞離方也得水為上或九紫亦宜

增釋曰艮方有小屋或小門主鬼怪艮為鬼門故也交煞運甚驗 附記

廟宇刷紅在一白煞方當主瘟火樓台尖聳當七赤旺地豈免災燹建鐘樓於煞方不待九紫常招火患造雞塔於火宮萬家災燼

增釋曰煞之為害雖一白坎水當其為煞之時因紅色亦為瘟火況七赤九紫樓台雉塔皆是火形焉得不与火星相助為害

中元庚子知須知生旺難拘若逢紫赤到五之年必殲五黄黑為煞

方庚子歲逢畫樓浩劫中元庚子而坎艮局之廬舍燬惟坤之界等信中元丙午乃中宮之屋俱燒惟艮坎之方始免

東川曰中元庚子五黃運內甲午旬是也中元四綠入中九紫到坎七赤到艮庚子又四入中也中元庚子吊四綠入中九紫到坎七赤到艮故燬一白到坤故免丙午又吊七赤到中九紫到兌故燒一白到艮故倖免也

援此明証可知趨避

東川曰我見上元丁亥年乃灾方戊子泊臨建造高台造戊

子臨年，亦中宮火爆。庚寅子月，又戊子也。九紫入中，亦中宮受爆。甚矣，陰陽趨避之理，不可不詳知也。

增釋曰：此三節申明七九合位之句，人當趨其吉而避其凶也。

五黃關煞，不拘臨門到間，常橫禍。二黑病符號稱大凶，運流年多主災病。五黃主寡婦受害，黃遇黑宮時出寡婦。二黑主宅母多疾，黑逢黃位出鰥夫。運如已退，廉貞即五黃逢處最凶，惟是避之乃良。運若未交，則二黑到位病方濕，必然避之始吉。

增釋曰：當運入中，二黑五黃飛到之方，再遇流年月建逢二黑五

黃加臨則疾病死亡至於損男損女則於卦論所屬斷之此一

節申明二五交加句之義

夫蚩尤則三碧好勇鬬很之人而七赤即破軍肅殺劍鋒之象是以三遇

七七遇三交劍殺興多刼掠即如六到七七到六鬥牛殺氣動宮刑七逢三

到生炁豈淺財多招盜三遇七臨多病誰知病從遭官

增釋曰九星交會各星所主吉凶不同如前節三五則主病疾死

亡此節三七七三即是交劍及吟六七七六皆是鬥牛穿心則主

盜賊官司之類凶自為凶各有不同

運至何處穿心坐向發星遇旺修逢盜劫身旺不畏反吟但憂助神一氣逆羅宮非

增釋曰凡穿心反吟等名雖屬可畏亦須分別運之至與未至身之旺與不旺耳運至身旺則無嫌助去則凶發矣

若求息訟弭盜何須局外搜求要識愈病延年全在星中討論

增釋曰示人以息訟弭盜愈病延年之訣祇在本局中求其方生尅各星中察其氣之吉凶以扶助制化之則其患自解矣此三節申明三七迭臨之句並及六七相遇之吉凶

更言武曲青龍喜會左輔善曜六八主武科發跡八六主文字參軍更宜異途擢甲旺生以一遇為恩死退則雙臨不利

增釋曰前言四一九七二五三七六七相會之吉凶此發補敘六八兩星相會乃武科術名之星與文科之星不同文以四一武以六八六白即是武曲八白即是左輔二星與一白解星共為三白是九星最吉之星六白為武曲故主武場韜畧參軍異途功名

九紫雖司吉慶然六會九而長房血症則九七之會亦稱凶四綠固號文昌第八遇九而小口主損則八三之逢更惡八逢九紫並知喜慶重來

遇輔星可以恩榮不次如求雲路之通要在一四之中

增釋凡紫白固吉然九紫火尅六白金主長房血症再遇七赤火數為鬥牛穿心惡殺是以稱凶八為艮土為少男三四為震巽木尅土故損小口八九火土相生六八土金相生故皆吉一四為魁星文昌相遇以決科第百無一失真妙訣也此節與後節詳明命山宮運名山挨加生尅制化之理吉凶隨之而應驗如神

若祈嗣續憑取生神加紫白並論帑藏尤宜旺氣在飛星二黑飛乾逢八白財源大進遇九紫而螽斯蟄蟄三碧臨巽遇一白丁口駢增交二黑而

青蚨關：先相丁以旺財於中可辨先發財以發丁其理宜詳

增釋曰此蓋指坎運乾宅而言二黑坤加乾生乾金八白艮土又助之進財九紫離火來生土以生金故主宜男丞若三碧臨巽又指巽宅坤運而言三碧震木臨巽木比旺相助一白到來生之故主添丁二黑坤土為木之財故得青蚨言趁盛而知丁財之先及可謂和盤託出以上陰陽二宅並言

木間逢一白為生八白同臨而添丁不育火局逢木運招財成亥飛來而宮災不免故遇煞不可言煞宜求煞化為恩而逢

生不可言生尤恐恩星受制

增釋曰此並間並層向而言戌亥者六白乾也火層木運生之六白乾金又來剋木與前之木間水生而土來剋水同一恩星受制也至於化煞為恩恐於木間金運遇一白或水間土運遇六白均是化煞為恩則轉凶成吉矣此下專言陽宅

但方曜配局起山更起層星乃為間裡合山合層尤合方位為先

增釋曰方曜者八方飛到之九星宜與層向局山相配方位者九宮吉凶之方位間星當一合此乃吉其局山層間之法備載於前

蓋在方論方原有星宮生尅之辨後配以山之生死局之生旺層之退煞如何而方脈之得失斯著其在間論間本是陰陽五行之別六親以局之財官山之父子層之夫婦何如而間之制化始彰

增釋曰所謂父子財官夫婦以生旺退死煞也不過湊合句法以成對偶耳不可拘泥至於制化已見於前

故謂方者以局山層間同數觀其得運失運而吉凶無偏論間者以元運年星疊合徵其生氣死氣而休咎分途

增釋曰：此言向山層間，從年紀生旺，何大運小運定吉凶，以年星加臨定休咎。

如八卦，乾山屬金，九星七二黑為土，號星生宮之善。若入三層，則木來剋土，而財必若入五層，則二土比和而人夥，若逢遇子曜加木土之元，斯得運而丁財並茂，兼主科名。

增釋曰：乾山得二黑運，土能生金，固吉。若居三層，層受山剋，運受層剋，吉反為凶。若居五層，則層與運二土相比，則金吉。再遇一白坎也。子曜即一白，金生之水，河元又逢遇木土，則丁財並茂。

一白為魁星而科名亦因之俱遂矣

如河圖之四層為金洛書之四綠為木係圖尅書之局若入兌方則文昌破鄉而出孤若入坤局則土重埋金而主寡若以四層臨坎震之鄉斯有氣而科名特盛亦增丁口

增釋曰四綠雖為文昌而所臨非地書亦不全坎為一白水故四層臨之為四一同宮震為三碧木故四綠臨之為木得旺地既發科名又增丁口特節言科名丁口各有所偏望析明宜察書局洛運圖卦河洛書爻互參斷之法以示後學可謂傾囊倒篋矣

局為體，山為體，運為用。體用一元天地氣，山為君，局為臣。局為君，向為臣，君臣合德鬼神驚。

增釋曰：局一定不移，故為體。山則隨所向而立，在小，故為用。如水在南為坎局，或向東而為兌山，向北而為離山，則非一元。倘向離而為坎山，則山與局同為一元。山向既立，亦定而不移，故又為體。運則隨時而換，故為用。倘局如是，山如是，運如是，其體用皆在一元而得天地之氣。有山始有局，是以為君，而局為臣。有局乃有向，故局又為君，向為臣。倘局得山之生旺，向得運之生旺，即是君臣合德，其真

也雖鬼神亦驚焉矣此言所用君臣在所生成雖重也
然局雖出運而關煞亦來亦怕廉貞戊土同臨山若逢運元而
死退方之惡煞尤慮太歲天罡并到

增釋曰此言河洛元運之外更有流年歲煞與凶方相會立主凶
禍五黃戊己二煞已見於前惟陽宅忌之尤甚雖吉宅五黃戊己到
門窗路灶及房牀與八方屋脊尖角上皆主不利倘偕造遷改犯
之更凶陰地在向在山忌動土而太歲天罡到煞方陰地陽宅均
忌太歲即歲建如子年太歲子丑年太歲丑天罡即月建每

月戌時、指月建、子月指子、丑月指丑、卯斗柄天罡如子方有煞、子年子月應之、丑方有煞、丑年丑月應之、又自得訣、以考究之、如子方有煞、子年子月應之、午年午月沖動之、申辰年月三合之、亦應、故子年最重、申辰年若輕、又得所謂煞方、在元運當旺之方、而成低陷、在元運當低之方、而見高聳、而乃先天對待之真煞、依法斷之、萬無一失。

蓋吉凶原由星判、而隆替乃從運知。

增釋曰、九星各有性情、各有所主之事、吉有吉之事、凶有凶之

事知其星則知其事然九星得運者則有時而吉失運者則有時而凶所謂由星判從運分有彰往察來之妙

故局運興屋運敗可從局斷其山運敗屋運興即從屋論

增釋曰局運與屋運不能皆同如局運是上元而屋之坐山是下元或局運是下元而屋之坐山是上元則局得運而與屋則失運而敗或屋得運而與局失運而敗故不能皆同山運與屋運亦不皆同如山運是下元而屋之門路合上元或山運是上元而屋之門路合下元則山敗屋興山興屋敗故亦不同局山屋間皆同論而

得運者故佳，其有不得運者，則宜參看，局得地氣為重，故從局論，局得天氣多為重，故從星論。

發明星運之用，啟迪後來之賢。

增釋：河有河之星運，洛有洛之星運，前已分註於陽宅真詮中，茲再詳之。一六居間水，二七居間火，三八居間木，四九居間金，五十居間土，此河圖之星乃部也。甲子十二年水運，丙子十二年火運，戊子十二年木，庚子十二年金，壬子十二年土，此河之運也。一切院牆門杆，凡前後有滴水簷者，皆作一層算，左右有披廈者，另算一運十數間兩頭各另立柱若屋上另行作脊若其間數則另行起算陽向一陽一陰往後數去陰向一層陰一層陽往後數去陽向一間陽一間陰從左往右數去陰向一間陰一間陽從右往左數去若廂屋則以廂屋之山向分陰陽間亦左右數此河洛之層間星運於是一白為坎水二黑為坤土三碧為震木四綠為巽木五黃為中土六白乾金七赤兌金八白艮土九紫為離火此洛之星也上元甲子六十年一白二黑三碧中元甲子六十年四綠五黃六白下元甲子

六十年七赤八白九紫，每星各管六十年，此洛之運也。而洛之層間所生山論陰陽，間則左右數，不從層數也。但何山是何星，即所山星起第一間，陽山左數到右，陰山右數到左，層層皆是山星起一間，不必九星相連貫也。其層座即所座之生山，分陰陽左右，不必依正座。其行運即所定之前後左右適中處為中，分佈九運之九星，加臨處與生山飛吊之九星地盤一定之七九宮，參詳生尅，再所值年位月之日生決之，其效驗更密於河洛。此洛書之層間星運如是。趙湘帆云宅是何運造或何運遷入居之即以此運為宅命又逢現交運加臨為生為尅以各星飛佈於門路、房牀、井灶、坑厠之上孰吉孰凶以決人之休咎試之頗驗故并記於此

圖說敘

挨星本宗圖，在得訣者運之於掌上，以神其變化，故宗圖特用其元妙秘之筆，你則不得訣者，遂造偽圖，輾轉相傳授，以掩其宗訣之名，淺學不辨真偽，咸以為青囊元空之圖，遂又添改種圖，惑世人。余數十年足迹半天下，遇其知元空之全者，不過一二人，其後偽書者指不勝屈，雅魏清江著陽宅大成，頗存真訣，宗如師授，較真其言山順水逆，則以本運星入中，用順飛九宮，水用逆飛九宮，以論山與運之生剋，其山之順飛本是，其水之逆飛則亂，彼實不知水何以逆飛之故，是將水逆二字看錯陽宅之龍山門路同用，豈見其天氣地氣不分，又四一同宮一節語多錯亂而不改正，但抄錄紫白賦原文為彼之向著不著作用，是清江亦祇得半半之道也。況近日之術士并不知元空為何物，但藉元空之名以欺人，余由是大懼真訣之相混，因所校文既增釋之，更為圖說，以與訣文相發明，此書之登而有益也，寔救世之術挨星圖著說，真圖與偽圖自廢，於以救天下之萬孝子慈孫矣。

馬清鶴記

先天對待流行圖

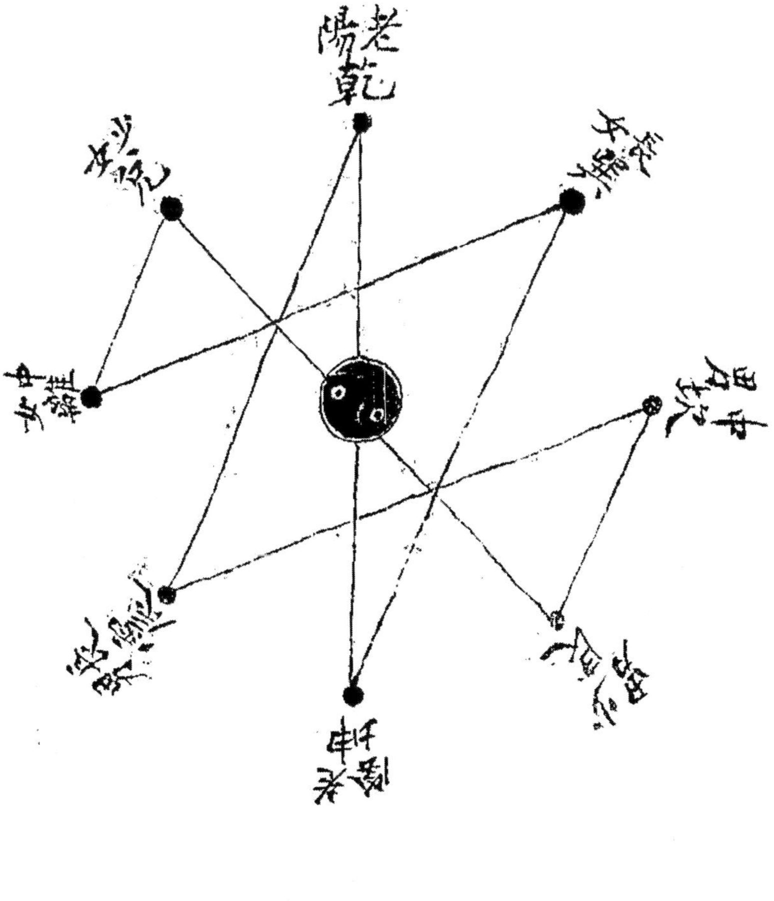

增釋曰先天後天相需為用世但知上元起坎一下中終離九是門後天為主而間及先天祇知其為對待殊不知山水交媾俱在先天圖內人特泥於舊說乾一兌二離三震四為陽左旋巽五坎六艮七坤八為陰右旋試以卦象考之則老陽与三男老陰与三女依訣而行与以天合參此坤與離兌豈然以天之一二三四乎乾震坎艮豈然以天之九八七六乎一順一逆相會於中央太極此內有山水順逆元運往來之妙此先天對待中真寓有流行者也

後天流行對待圖

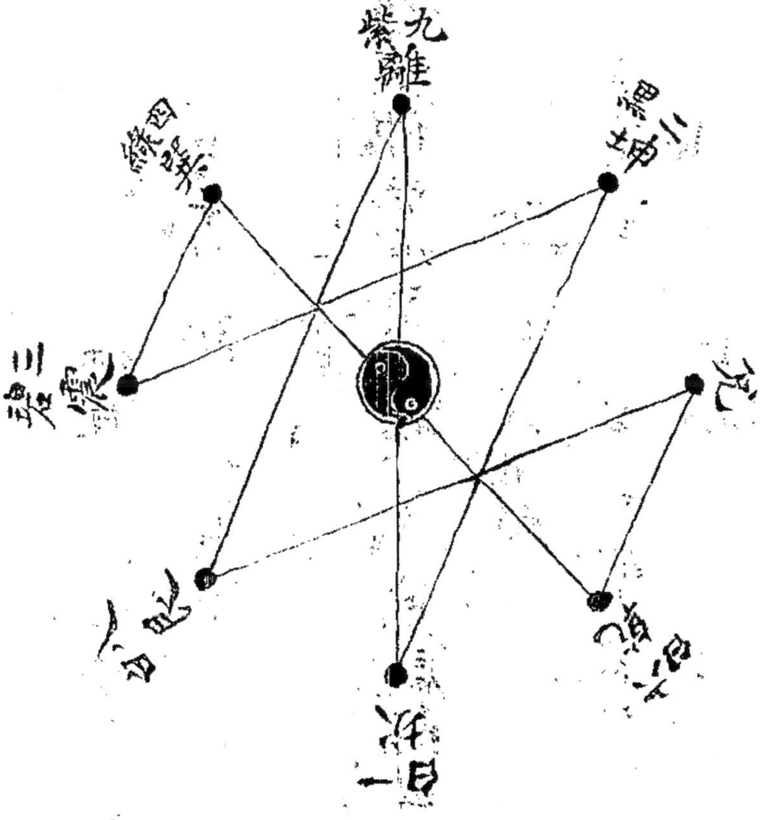

增釋曰三元九星雖順後天々方位而行其實一九合十二八合十三七合十四六合十以對待而合十故龍水互看訣云天元龍法宜向女仲女南向望北夫更有八郎朝二母東鄰鎮日看西湖地元何處覓佳音一望元女攝紫神老母開箱私少女大兒啟鍵出西金祇金与仲人元法四六交朝生々意確若然二八兩頭開五郎從此投胎著此言後天之卦位隱合先天卦位一絲不差乃後天流行中之對待也是以云先天後天相需為用錯綜變化元妙無窮

九運流行對待圖

山運順行九宮

水運逆行九宮

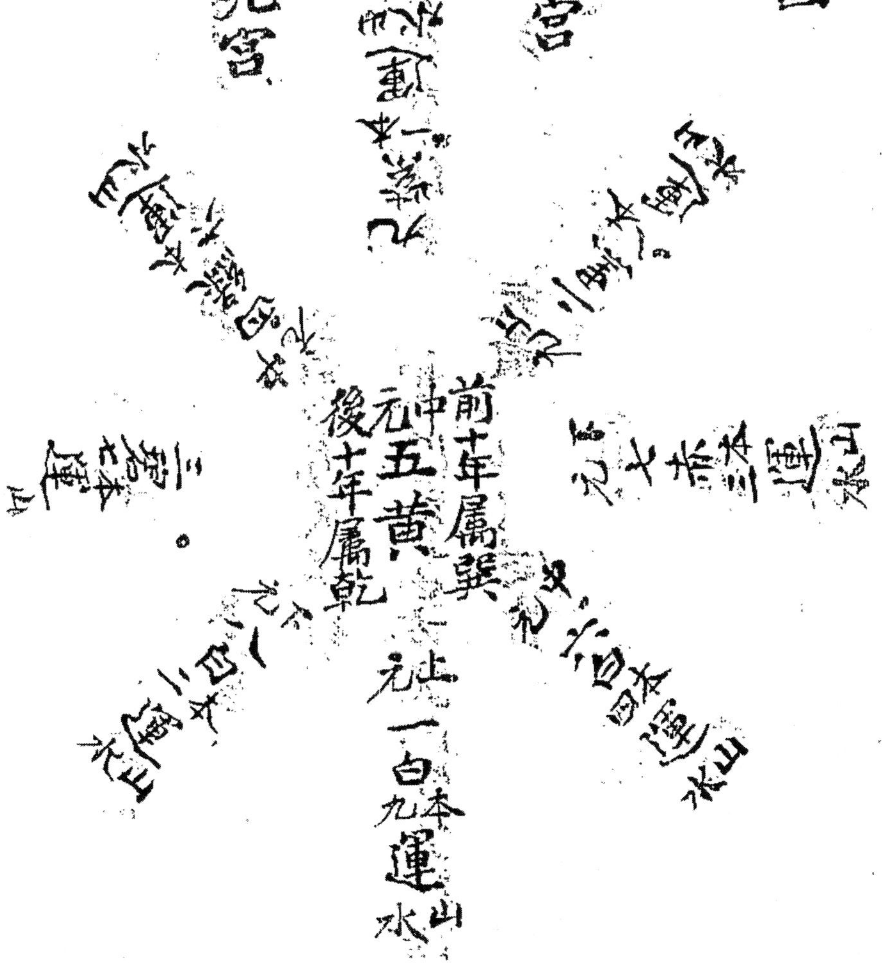

增釋曰先天對待者天氣也後天流行者地氣也何以見之如一白運內一白方宜來龍宜坐山宜砂高峯起交二黑運則二黑方宜來龍宜坐山宜砂高峯起九運皆然故言後天流行地氣也如一白運內九紫方宜門路宜向水宜水口滙聚交二黑運則八白方宜門路宜水口滙聚宜向水九運如之故言先天對待者天氣也地氣從實處來故龍山砂水皆實天氣從空處來門路向水皆虛虛地氣實來天氣從虛虛應之天氣虛虛來地氣自實應之流行對待等須臾之離先天後天相需爲用至此益明決世之等後者每遇本運之方不拘龍穴砂水山峯門路水口

概謂之吉、殊不知龍局砂峯須吉、而門路大凶、此不知天氣之故也、
又有執世俗相滿之說者、不拘何局何運、背水面山而安放立宅、如
一白運、水在南、山在北、而背水面山則可、若水在北、山在南、而背水面山
則不可、今之看形勢、言地氣、皆時或有之、至言天氣、則茫然矣、
天氣地氣、各依星宮以成吉凶、吉與吉不同、凶與凶有異、尚皆散見
於各書、余嘗天禁既繪圖為說、又列吉凶影驗於後、庶幾學
者得窺全豹、不至愈久而愈失其真也、
一白坎水生旺、為少年科甲、名揚四海、多生男子聰明俊秀、

魁煞、主刑妻眼瞎耳聾水死流蕩夫亡
二黑坤土生旺為發田財旺人丁不産文士止出武貴妻奪夫權
陰謀鄙吝魁煞、主寡婦相傳産亡淫耗腹疾惡瘡
三碧木生旺為財祿豐盈人財與旺異途功名長房大盛魁煞、
主瘋癲哮病殘疾刑妻盜賊官司雷擊徒流
四綠木生旺為文章名世科第聯芳婦女端妍婚配貴族賢婦
妻妬魁煞、主瘋魔邪祟絞死孟梁蛇嚙水亡男子漂流婦女淫
乳瘰癧勞傷小兒驚症

五黃土為戊己大煞，不論生尅，俱大凶，宜安靜，不宜動作，年神并臨，即損人丁，輕則災病，重必連喪五數而逃，孟仲官訟淫亂，季子昏迷癡呆。

六白金生旺，為威權震世，武職勳名，巨富多丁，文武魁首；尅煞，主刑妻乏嗣，寡婦守冢，頭風腦痛，癱瘓虎瘡，狼吞狗咬。

七赤金生旺，為發財旺丁，武途仕宦，小房發福；尅煞，主盜賊離鄉，軍配橫死，口舌官司，火災損小口。

八白土生旺為忠良孝義富貴久遠二房丁財剋煞主損人口瘟癀膨脹乏嗣絶亡牛犢

九紫火生旺為文章科第長子榮隆易興易廢剋煞主吐血瘋狂回祿產死目疾官非

增釋曰九星之吉凶大略如此川之看地氣當實而實之處天氣當虛而虛之處俱作生旺斷吉倘地氣當實而虛天氣當虛而實作剋煞斷凶此即江南龍來江北望江西龍去望江東楊公看雌雄之法實為正神空為零神元空之妙全在於此

坎宮龍向砂應驗圖

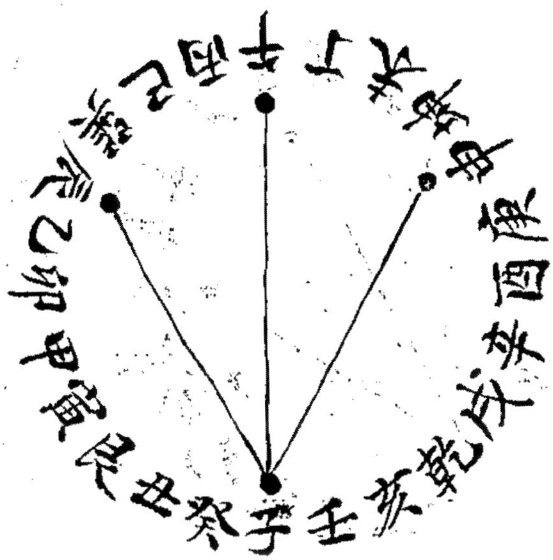

坎宮內地支惟有一子。如龍向砂水在此，遇子年太歲為填實，午年太歲為正沖，辰申年太歲為逢合。係本運之吉方主吉，水運之凶方主凶。填實正沖為最，逢合次之。其應驗共有四年。

艮宮龍向砂水應驗圖

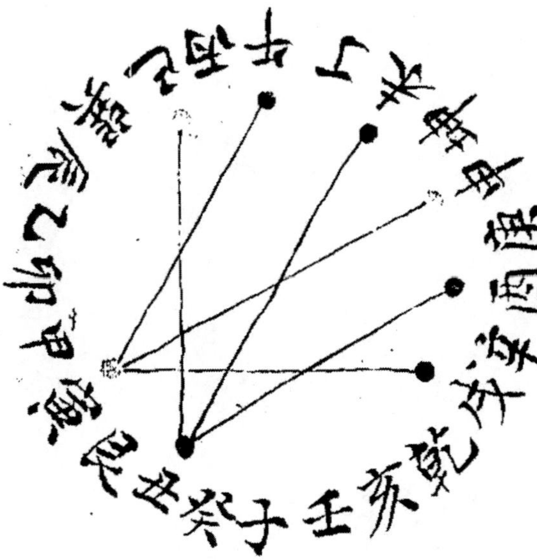

艮宮內地支有丑有寅則丑年寅年太歲為填實未年太歲沖丑申年沖寅為正沖巳酉年太歲合丑午戌年合寅為逢合龍向砂水有一字四年應之有二字八年應之此謂對沖吊照之應

震宮龍向砂水應驗圖

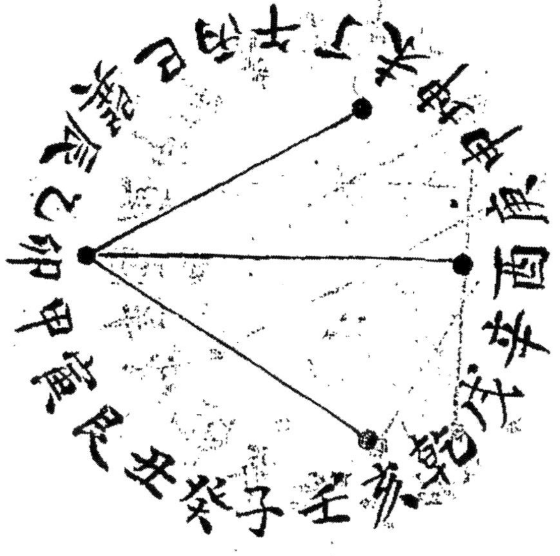

震宮內地支，惟有一卯，如龍向砂水在此。遇卯年太歲為填實，酉年太歲為正沖。亥未為逢合，係本運之吉方主吉，凶方主凶。填實正沖為最，逢合次之。應驗有四年。

巽宮龍向砂水應驗圖

巽宮地支有辰有巳，辰巳年太歲為填實，戌年冲辰，亥年冲巳，為正冲；申子年辰，合酉丑年合巳，為逢合。誌向砂水上有一字四年應之，有兩字八年應之。

離宮龍向砂水應驗圖

離宮地支惟有一午。龍向砂水在此遇午太歲為填實子為正沖。寅戌逢合係來運于吉方主吉凶方主凶填實正沖為最逢合次之其應驗共有四年。

坤宮龍向砂水應驗圖

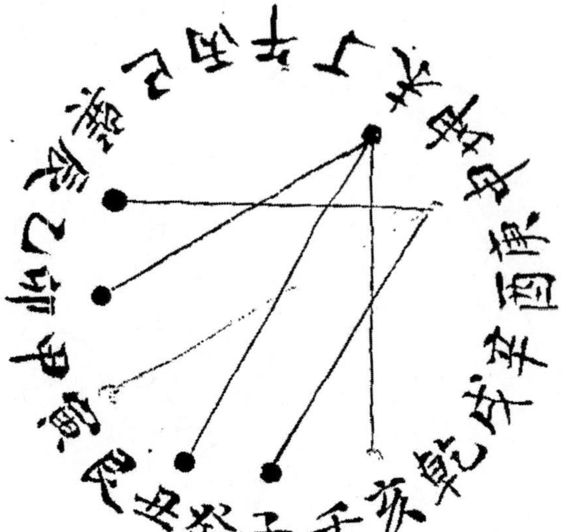

坤宮地支有未有申則未年申年、太歲為填實丑年太歲沖未寅年沖申、為正沖亥卯年合未、子辰年沖合申、為逢合龍向砂水上有一字四年應之兩字八年應之

兌宮龍向砂水應驗圖

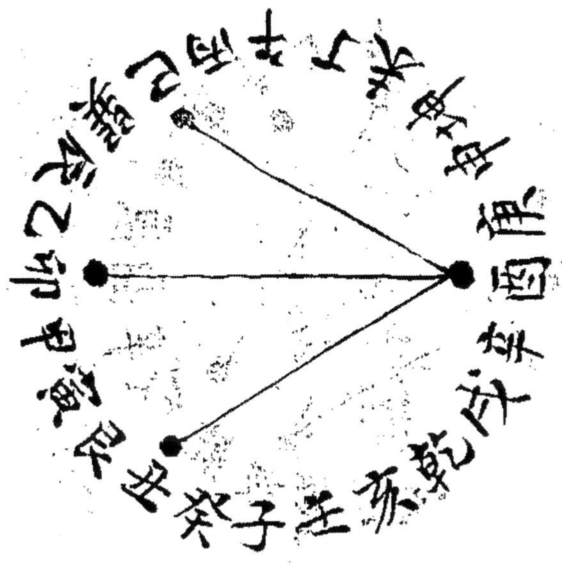

兌宮地支惟有一酉、龍向砂水在此、遇酉年太歲為填實、卯年正沖巳丑逢合、本運吉方主吉、凶方主凶、填實正沖為最、逢合次之、並應驗者有四年。

乾宮龍向砂水應驗圖

乾宮內地支有戌亥對戌亥年太歲為填實辰年冲戌巳年冲亥為正冲寅午年太歲合戌卯未年合亥為逢合向水有一字四年應之兩字八年應之

增釋曰元空家所以決吉凶者咸以龍水得對待之宜則吉失對待之宜則凶而已今訪道十餘年其精元空者不數見間有知者亦祇如此自得李趙兩先生之傳考覈精研始悉前後之八方皆有對待運有運之應驗年月流行有年月之應驗此皆以九星飛吊九宮而應驗者也乃精益求精久而有得十二地支分房八卦為十二太歲值年值月之舍次元運吉凶其方遇太歲填實正沖逢合之年其應驗尤準三元飛吊九宮之外更有十二太歲之舍次填實正沖逢合司其權者在也

人第知元空只就龍與水以決得失吉凶故謗元空者謂元空是水龍之法此為不精言也余洞澈其奧因曰元空者元妙處既其空與不空耳如立穴之處詳觀四面八方宜空之處始可有水宜不空之處始可有山則九運九星十二太歲到水吉到山亦吉若宜空之處而反有山宜不空之處而反有水則九運九星十二太歲到山凶到水亦凶他如山凶水吉山吉水凶各有公位當之此八卦者不特一山之上有此八圖山山皆有八圖也不特一運之中有此八圖運運皆全用八圖也况分而為八實合而

為一者也
地理之道因地取宜隨地取裁為上如江浙以水為龍中州以平地為龍蜀省徽州皆以山為龍即如嘉湖之蘇松、均以水為龍而相地亦有分別嘉湖之水直硬無情蘇松之水曲而文秀其中立穴定向覆坟均有分別若不得真傳不親臨其境何以知之故嘉湖之人寡情者多蘇松之人智巧者夥浙人好利蘇人多謠可為明證矣

天地人三元說

今之執蔣盤以談元空者，必曰我得蔣氏之祕傳，不可顯以告人，信之者，任其施用，反吉為凶，求福致禍，其不以顯告人者，實不足以告人也。其訣為何？天地人三大卦也。以子午卯酉乾坤艮巽為天元，以辰戌丑未甲丙庚壬為地元，以寅申巳亥乙辛丁癸為人元，於是乎格龍在天元字上者，用天元字立向消水，格龍在地元字上者，用地元立向消水，格龍在人元字上者，用人元立向消水。且謂上元運宜天元龍穴向水，中元運宜人元龍穴向水，下元運宜地元龍穴向水，已拘泥甚又就盤中本位之經畫字以為陽左旋陰右旋以為挨星秘傳殊不知楊公天玉寶照二經之本意初未嘗以天元屬上元人元屬中元地元屬下元也於蔣公盤式其二十四山之陰陽乃八卦九星之義一三七九在四正二四六八在四隅兩陰一陽兩陽一陰皆隨其星數以流行九宮並非死定在二十四山之本位也其五黃為中宮星數本無陰陽隨天心正運入中星數之陰陽為五黃到處之陰陽此乃是挨星之正法彼硜硜然習范宜賓之挨星用之而有橫使羣起以講元空者皆其邪說陂之也

一卦三山陰陽圖

增釋曰羅經二十四山分子午卯酉乾坤艮巽為天元辰戌丑未甲庚丙壬為地元寅申巳亥乙辛丁癸為人元經云二十四山管三卦莫與時師話此卽一卦有三卦之理也分乾坤艮巽寅申巳亥甲丙庚壬為十二為陽子午卯酉辰戌丑未乙辛丁癸十二為陰經曰干維乾坤艮巽壬陽順星辰輪支神坎震離兌癸陰卦逆行起分定陰陽歸兩路順逆推排去但未得正訣指明而強作解為者不知九宮流行各定之陰陽而執羅經一定不移之陰陽遂造挨星圖左右團轉之法陰右陽左如推磨然竟謂陽從

左邊圖圖特。陰從右路特相通。所使星挨星之法。以出用之字益而有模。此今聞挨星者。遂謂挨星之訣甚謬。并真者亦疑之。後之害真正於此傳。余數十年間。凡語寫談元空者。亦莫秘密者。詰其所學。皆此類也。太鴻氏。雲間人。仲山氏。錫山人。均籍江南。傳授在蘇。宜其具於甲籍纓。國於名者。其在遠向慕者。徒徒為偽訣所誤。心實憫之。故於增釋挨星之後。特為圖說。所謂下卦起星之旨。俾學者因訣以尋圖。因圖以悟訣。辨三元九星於掌上。決往來與廢於寰中。不復為偽訣所誤。詎不快歟。維星之歷來口傳心授。不經筆

之於書今將卦及卦中用者圖說列之於前用及用中用各各說備之於此以為元妙天機不令洩露太甚願讀是書者寶而祕之可耳

蔣大鴻先生近處竟無傳授　僕往營之外並學堪輿之術十載於亦黑若夜行無境而通於壬寅冬至日遇嘉定劉霽青先生授我元空大卦之法一夕而成從此歷驗古墓絲毫不爽始信堪輿之學是有真也癸卯春請劉先生同行覓地始覺平原曠野遍地皆春方知得名師難得地易也卜地於淶溪之東向

富家沈姓讓厚。癸卯四月，親營告成，畢生之大事已舒，如釋重擔，五中欣慰。夏間又遊嶽友，出所存陽宅真詮、挨星真詮，係嶽門黃其龍先生所錄。僕即授讀，覺與劉師一法，更加工細。又偏遊浦東賈步緯先生繹家鈐，如出一日，私幸遇見之隆，殆亦天賜。今特〔將〕先空大卦挨星無錄，而存之恐犯天禁，非人不授。遇有忠孝節義善良之家，稍示一二。倘或不信，誠哀懇，亦置若罔聞也。若有求懇者，先探人家忠厚誠實，施諸一地，致揚公救貧之法，具一片熱腸耳。

誰料蘇松雖有真傳故隱而不顯豈与人葬故以干上天之怒行道者均為偽法故蘇松目光猶年來暴甲卭干見矣如吾鄉姚運鄉金篤堂陽可人王春山四人者聲名藉藉請之者自負居奇而姚只行〻為首務餘皆惟利自益余初時与姚陽二人交叩其所學亦等把握自得訣後始知從前所習皆偽法也

葉介壎望之記

八卦三爻界縫圖

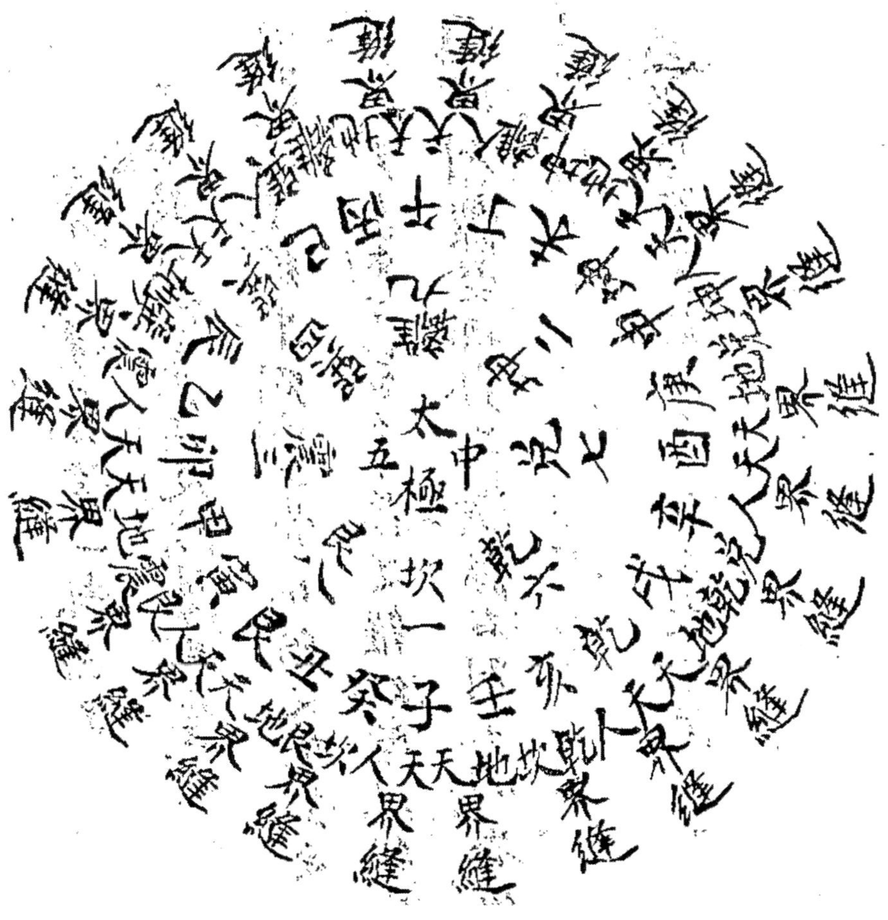

增釋曰、八卦九宮為三元九運、合次、一卦三爻、為挨星順逆根由、星從卦起、挨以爻分、故八卦界縫及陰陽界縫中俱不可立向、使立於八卦界縫及陰陽界縫中、則向上當用何爻何卦之向星隨陰陽入中順逆飛佈耶、蓋卦雜則兩星爭權、爻雜則陰陽錯亂、如壬山丙向偏左巳丙界縫則離巽兩卦不清、偏右則午丙界縫陰陽兩爻不辨、若偏左不至巳、偏右不至午、仍作丙向用

歷遇明師指示云、单向差不可偏倚、些一偏、即犯陰陽錯亂之病、慎之慎之

此篇圖說，乃為近日誤學者而言，且示人以真正之路也。世之傳口訣之書者，不論巒頭之說、理氣，又捨雌雄對待、陰陽消長之義，而將重挨星，無真挨星，偽挨星，無真挨法，偽挨法，其立向之並加尤為可笑。夫八卦三爻，惟八卦界縫與天地界縫，不可立向者，謂不可立於界縫之中耳。但在界縫之傍，本作本卦本向論，有何不可？無後之流，竟謂地元向最狹，偏左則出卦，偏右則雜天元，甚至連天元亦不敢偏左，謂恐雜地元；人元亦不敢偏右，謂人元亦不敢者，恐出卦也。若如此言，則二十四山將有大半不可立向者，有是理乎？謂天生地設之山向彼偽狀拘泥之見拘令失穴失向者往往有之甚至登山看人之坟執則勒人遷改以合彼之悞法余為此篇圖說雖無甚奧義以之破俗術拘泥亦可為聾聵針砭立向者不可不知也

僞挨星説

范宜賓之僞挨星圖。其訣曰。貪狼壬癸与甲申。巨門卯乙壬未坤。四六宮中皆武曲。酉辛丑艮為破軍。寅午庚子四位上右弼一星。逆次臨其挨星之法。以子起午。午起子。乾起巽。巽起乾。坤起艮。艮起坤。卯起酉。酉起卯。為八天元對面起挨星。以壬起辰。辰起壬。癸起巳。巳起癸。丙起戌。戌起丙。丁起亥。亥起丁。未起甲。甲起未。乙起申。申起乙。庚起丑。丑起庚。辛起寅。寅起辛。為八地元。八人元隔四位而起挨星。然本山本向之紅字陽星左旋。黑字陰

星右旋云星陽從左邊團團轉陰從右路轉相通逆之成
圖刻之成書此是以以真挨星之法隱而偽挨星之訣遂傳
鄭靈戴之蕉窗問答兼用其訣而起法則天地人皆以山之
星翻在向上向上之星翻在山上不依壬起辰丙起戌隔
四位之法天驚訣亦偽書也其挨星法與鄭同故知其偽且
蔣公在時已有假其名者是以蔣公特作辨正五歌而外別
無他書蓋逆知後日之多偽耳世之批駁挨星者但執
偽挨星圖而批駁之於蘭陵之地理錄要亦作疑似之圖

辯。并此上疑之，是因噎廢食之謂。皆未得真傳。故不分真偽，實范宜賓之罪也。

一運天心一卦圖

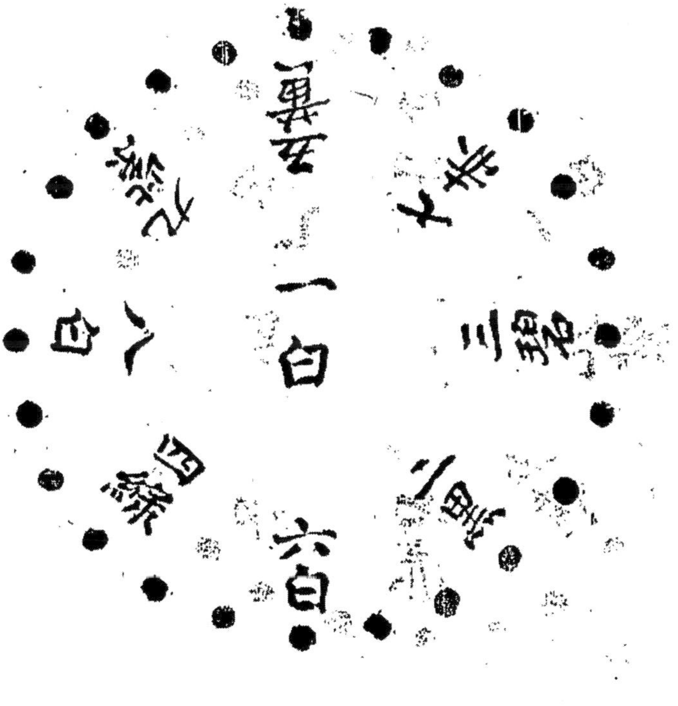

二運天心一卦圖

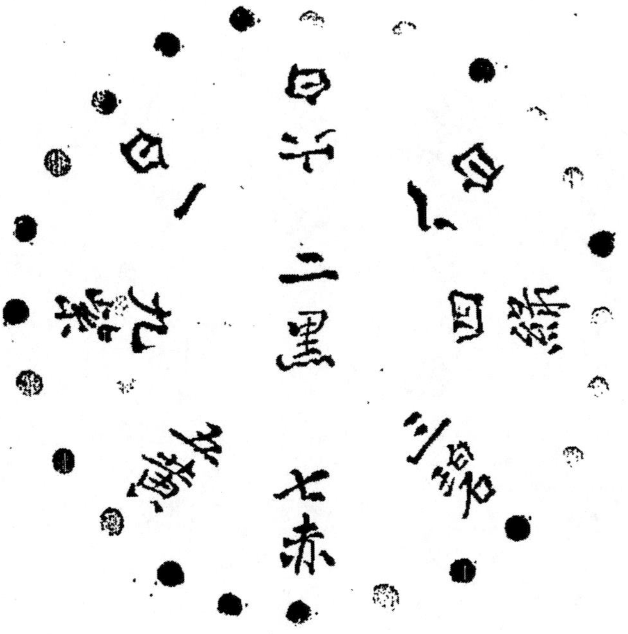

三運天心一卦圖

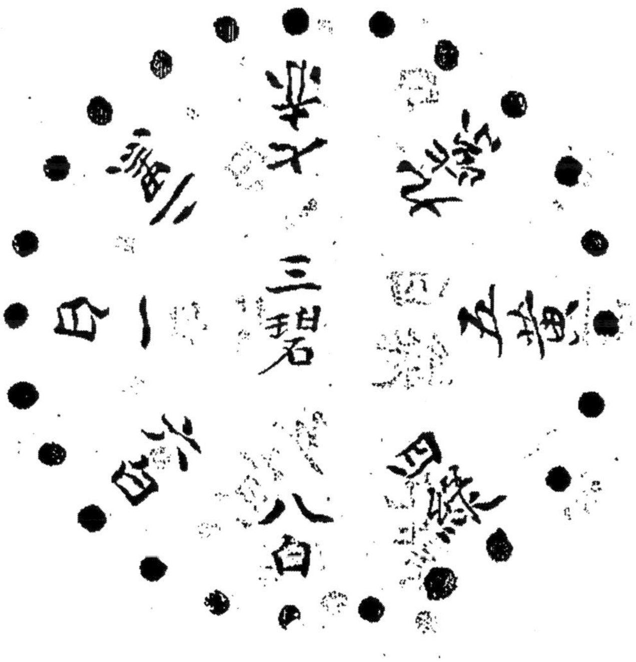

四運天心一卦圖

五運天心一卦圖

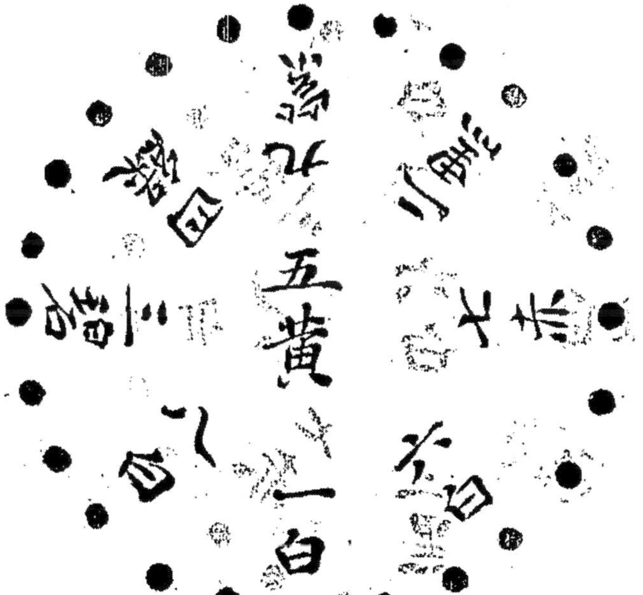

六運天心一卦圖

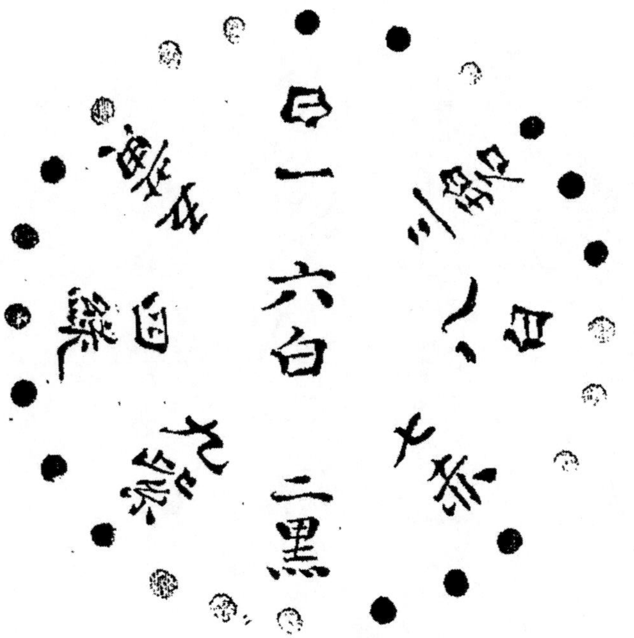

七運天心一卦圖

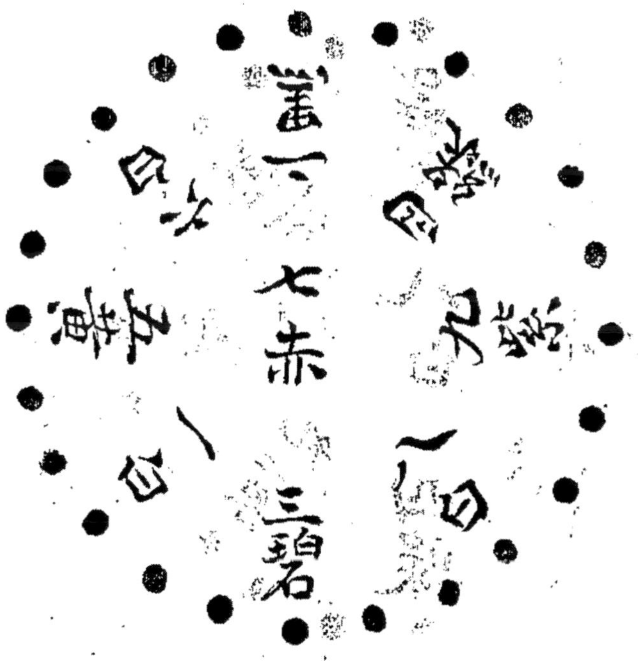

八運天心一卦圖

九運天心一卦圖

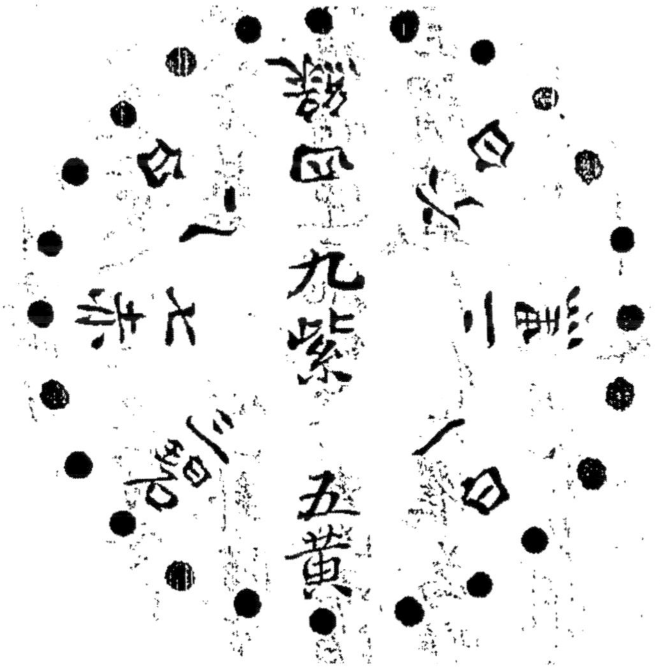

增釋曰元運即天運之次序運之所係即係天心一白運一白入中一白當令即是天心二黑運二黑入中二黑當令即是天心九運皆然星運入中餘氣飛佈八方是謂之天心一卦隨方立向而定之星最重者以之入中依陰陽順逆飛佈察吉凶而消長之天元歌曰向首一星災禍柄者正謂此也終得九曜為喉舌者亦謂此也舊祇口傳余為圖說者以偽圖日滋則真圖不得不作耳其九運順逆十八圖備列於後

一白向星入中圖

順挨式

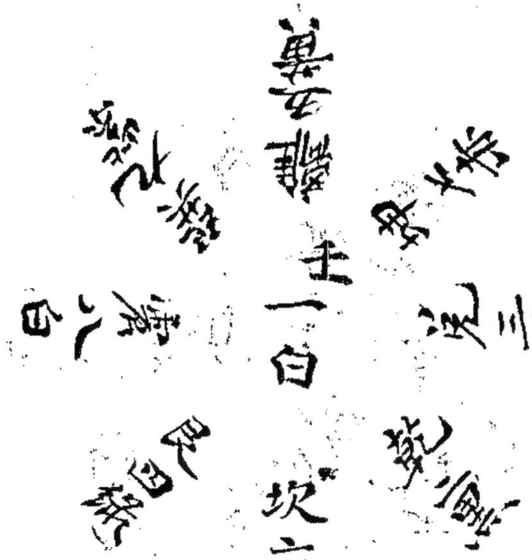

逆挨式

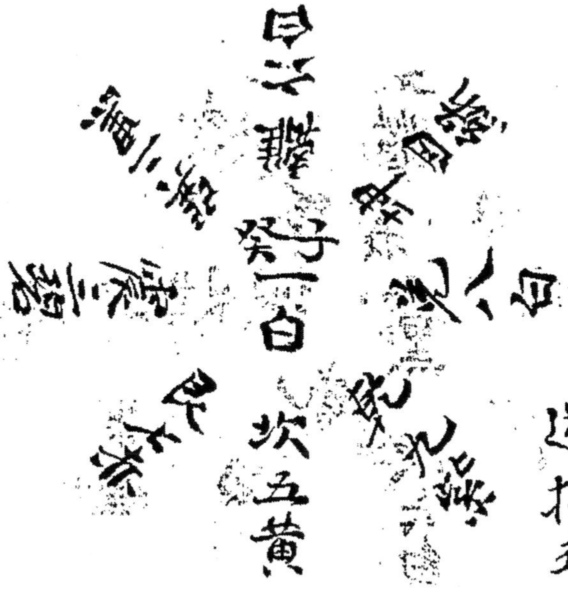

二黑向星入中圖

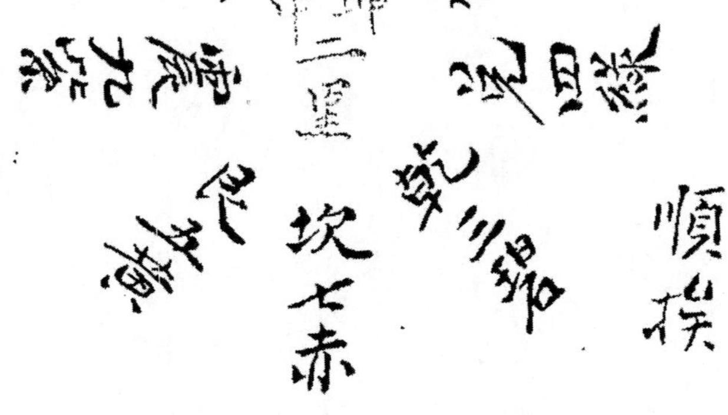
順挨
二黑
乾三碧
兌四綠
艮五黃
離六白
坎七赤
坤八白
震九紫
巽一白

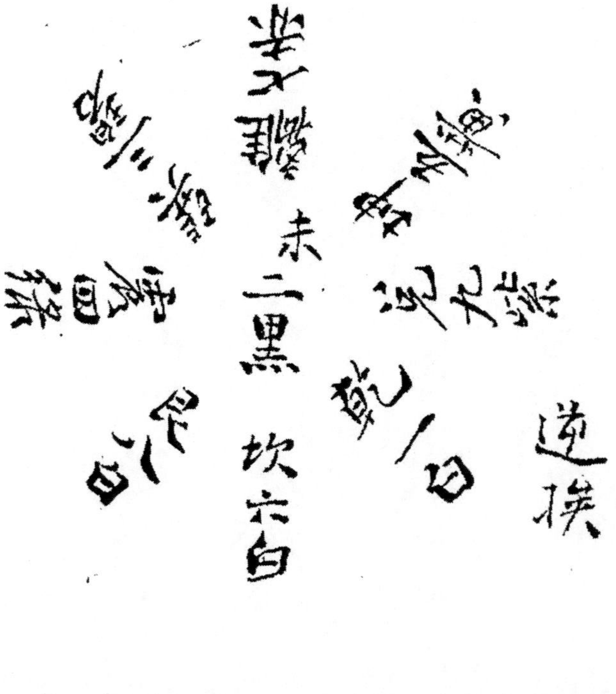
逆挨
未
二黑
乾一白
兌九紫
艮八白
離七赤
坎六白
坤五黃
震四綠
巽三碧

三碧向星入中圖

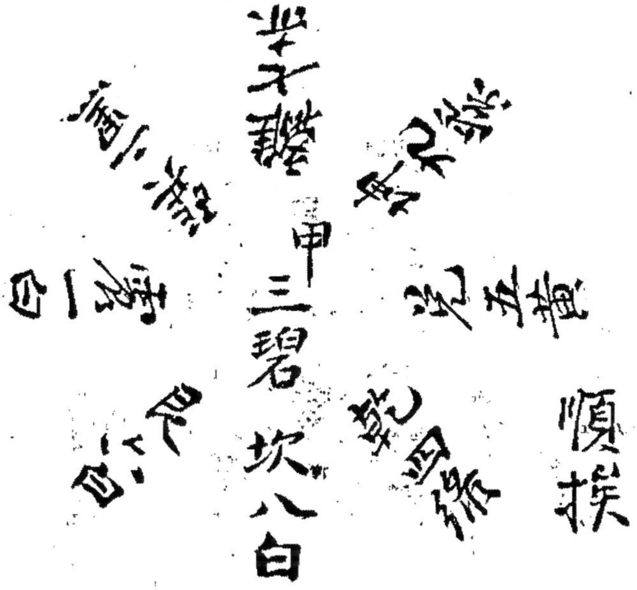

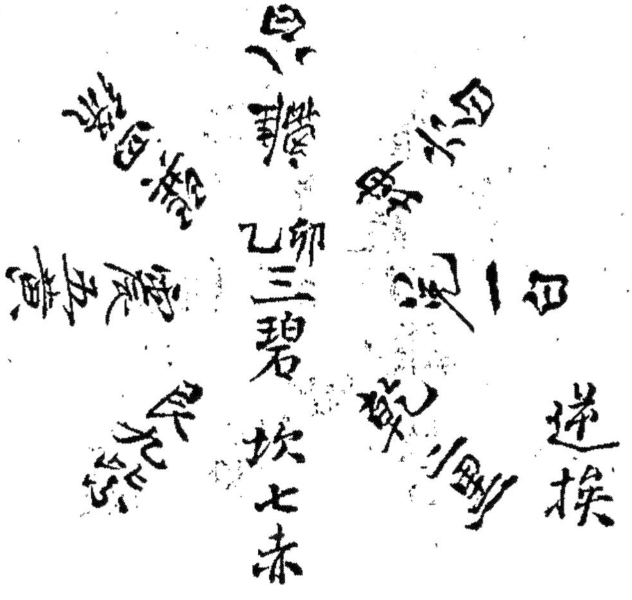

四綠向星入中圖

順挨
巽四綠
巳
乾五黃
兌六白
艮七赤
離八白
坎九紫
坤一白
震二黑
巽三碧

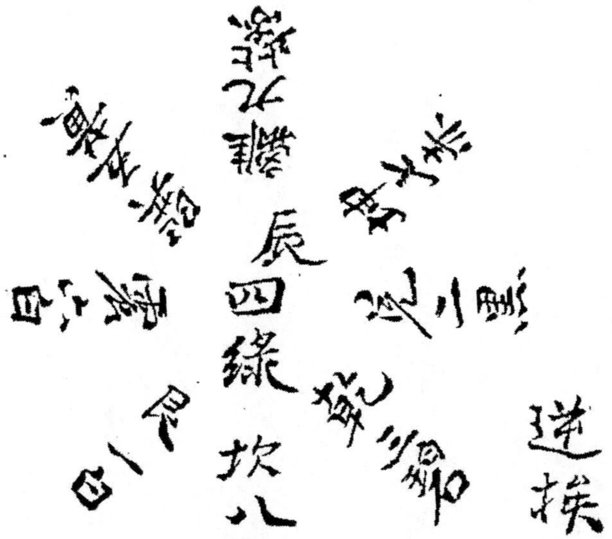
逆挨
四綠
辰
乾三碧
兌二黑
艮一白
坎八白
離九紫
坤七赤
震六白
巽五黃

五黃何星入中圖

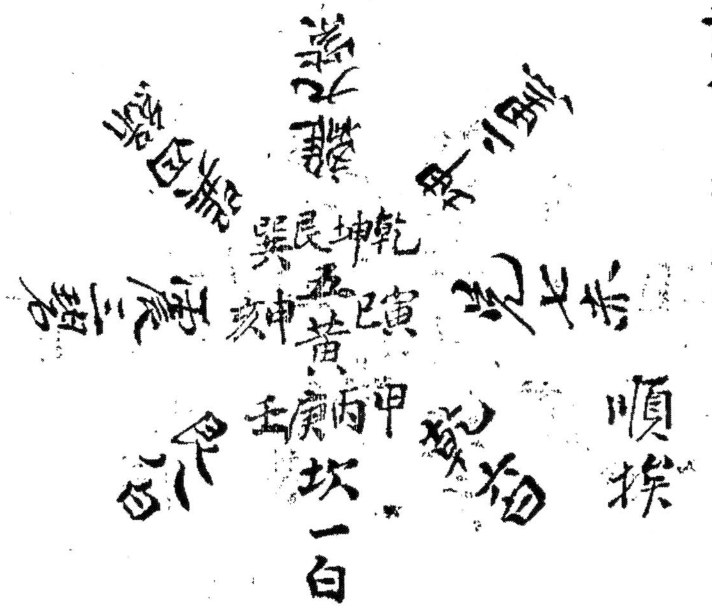
順挨
五黃
乾坤艮巽
寅巳申亥
甲丙庚壬
坎一白
乾六白
兌七赤
坤二黑
離九紫
巽四綠
震三碧
艮八白

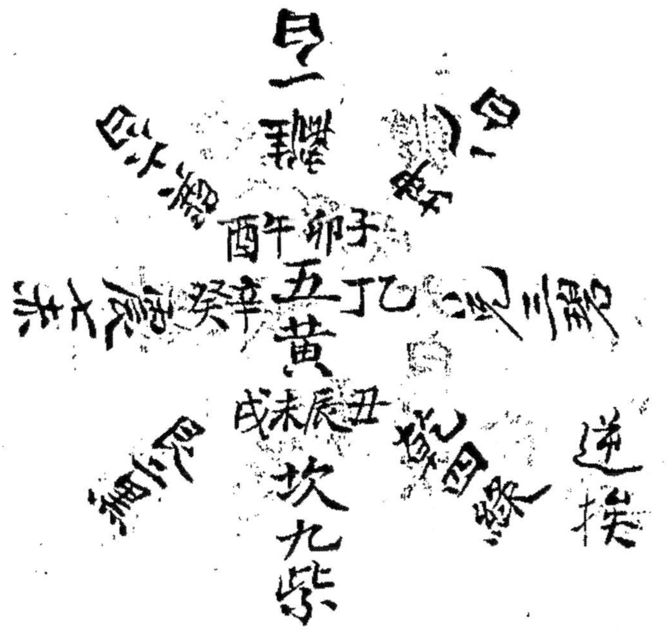
逆挨
五黃
子卯午酉
乙丁辛癸
丑辰未戌
坎九紫
乾四綠
兌三碧
坤八白
離一白
巽六白
震七赤
艮二黑

六白向星入中圖

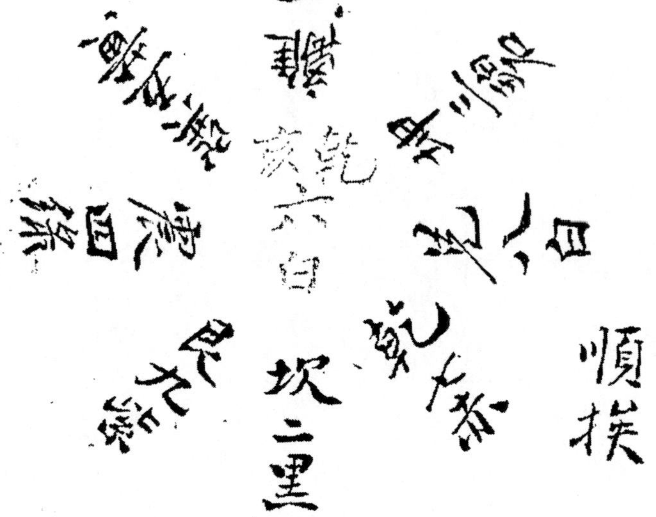
順挨
巽五黃
離一白
坤三碧
震四綠
中 六白
兌八白
艮九紫
坎二黑
乾七赤

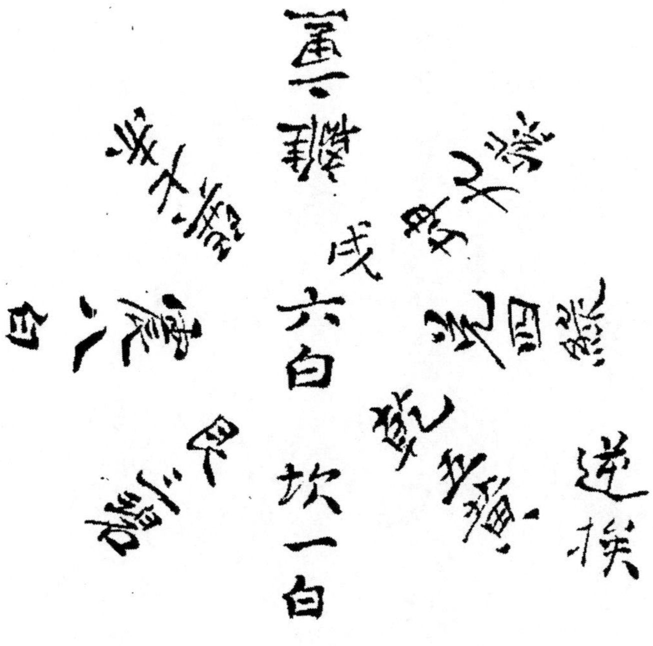
逆挨
巽七赤
離五黃
坤九紫
震八白
中 六白
戌
兌四綠
艮三碧
坎一白
乾五黃

七赤向星入中圖

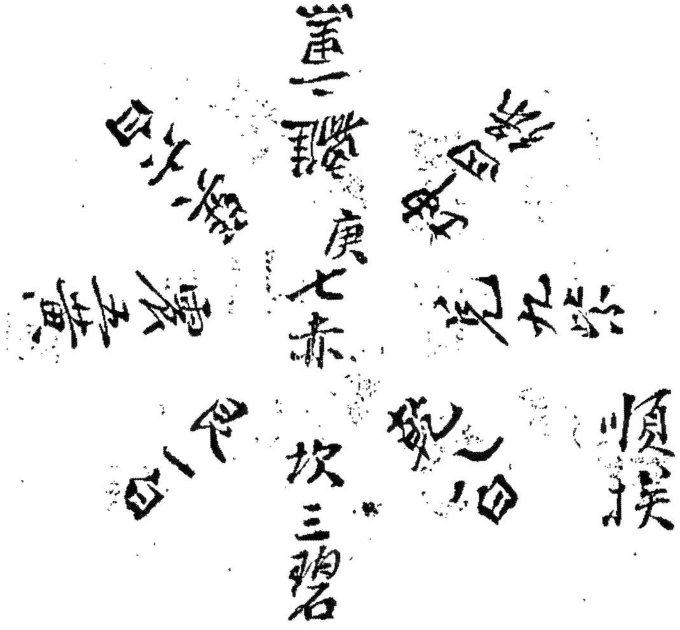

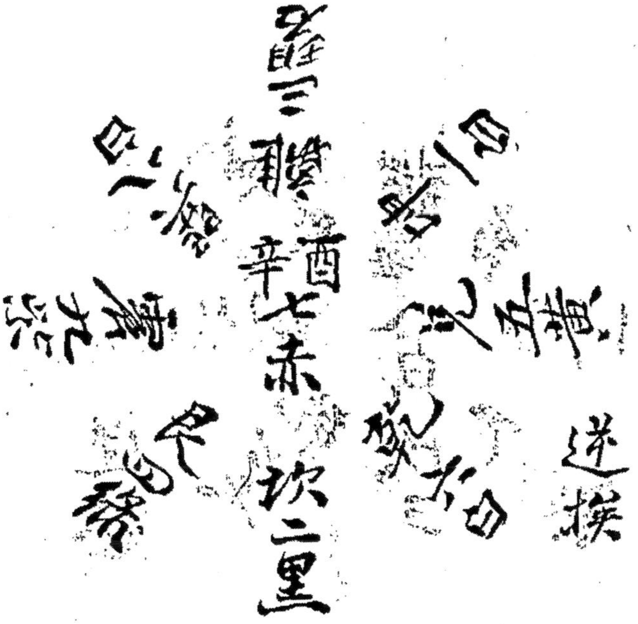

八白向星入中圖

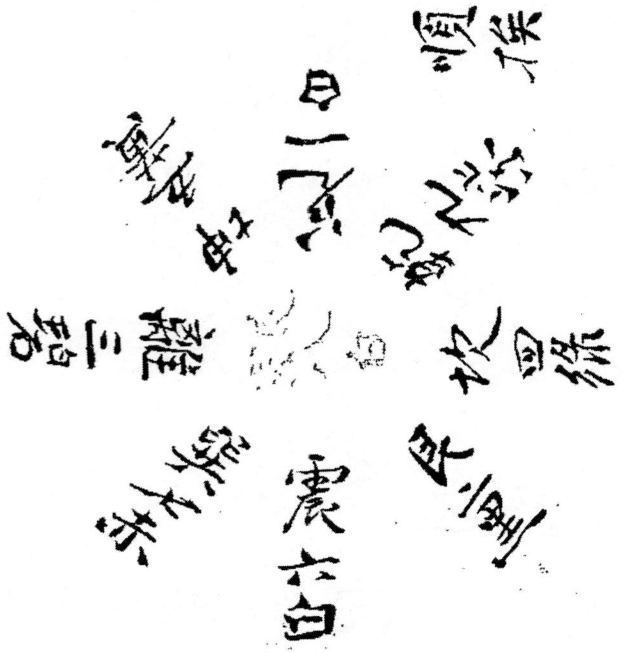
順飛
兌一白
乾九紫
坤五黃
八白
坎四綠
離三碧
艮二黑
震六白
巽七赤

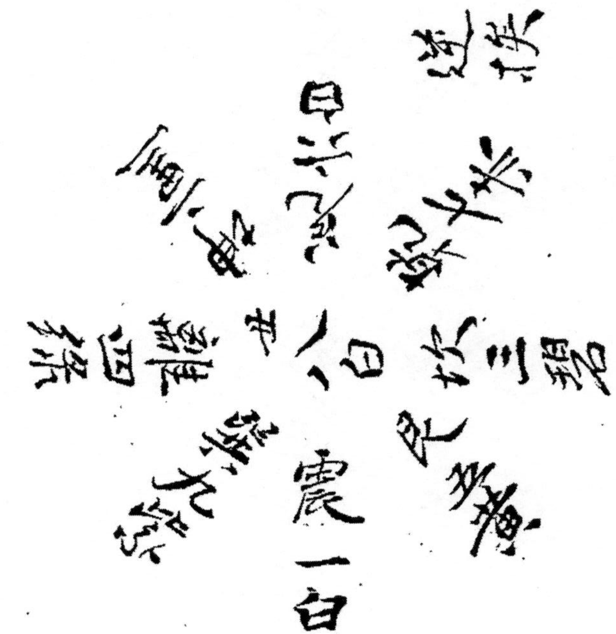
逆飛
乾七赤
兌六白
坤二黑
八白
坎三碧
離四綠
艮五黃
震一白
巽九紫

九紫向星入中圖

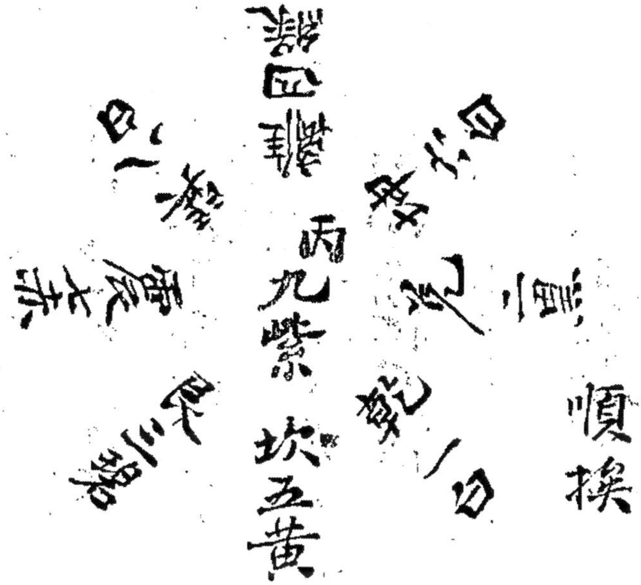

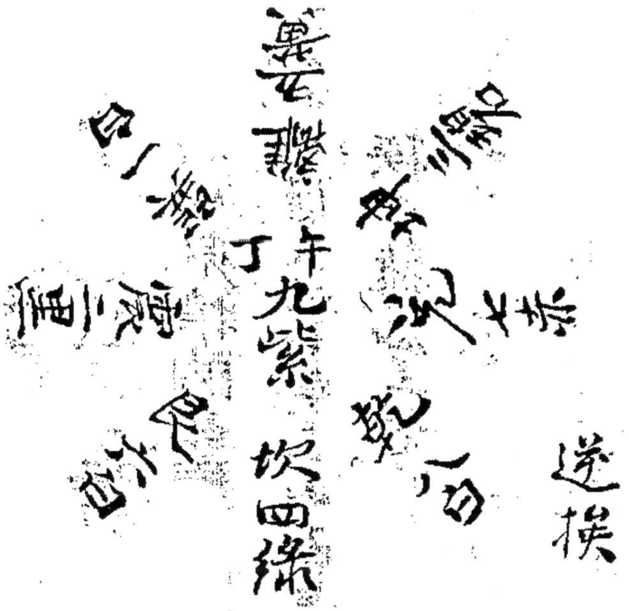

增釋曰、山有二十四、每運十二陽順、十二陰逆、向有二十四、每運十二陽順、十二陰逆、共成四十八局、九運有九個四十八局、僅作此十八局者、總不外此十八局也、而以九運之五行生尅推測之、則变化無窮矣。試舉八白運中、離卦以明之、如八白運之壬子癸三山、丙午丁三向、用向上挨星法、以本運八白入中、順挨至離、為三碧甲卯乙、即以三碧入中、若是丙向、丙上是甲、則順挨至離、為七赤兑金、向上本位之離火尅挨星兑金、直毫無生氣、七赤又為八白洩氣、丁財俱不利。若是午向、午上是卯、則逆挨至離、為八白艮土、向上本位之雜火。生挨星之艮土，与運相比，謂之旺氣，丁財大盛，豈不大利乎。丁向是乙丙逆挨，与午向之星同吉。以八運之坤而言，如八白之丑艮寅三山、未坤申三向，以八白運入中，順飛至坤為五黃。五黃為中宮之星，与陰陽之分，乃八白既入中宮為天心，即八白運星之陰陽，為向上五黃之陰陽，則未上是丑未向，即以丑入中，逆挨至坤，為八白艮土，坤艮二土比和相旺，吉莫大焉。坤上五黃入中，照八白順挨至坤為二黑，坤土還宮，与本位之土相比，大利。申上是寅申向，以五入中順挨，与坤向之星同吉。三元九運二十四山向、四十八局同此一例挨之、吉凶判然可見。凡用挨星、竟不從山向門路上決休咎、雖龍、穴、砂、水皆然、必先觀有地無地、次看其得運失運、然後以挨星例其合宜與否、則地理之能事畢矣。近有一種人、全不知陰地陽宅之形勢、茫茫然以挨星秘訣自負、胡亂作為、吉凶顛倒、捨形勢而以挨星誤人、真訣因之益晦矣。

地之龍穴砂水之美惡、是體、挨星是用、須體用並至則發不旋踵矣。如人之八字命好、運好、為大發、命次、運好亦

可順風但小發耳、命好年運一世平成、命次運低一生貧賤矣、

九星說上篇

楊公之言巒頭以貪狼九星為名其言挨星又以貪狼九星為名巒頭之九星貪狼屬木祿存屬土文曲屬水廉貞屬火左輔右弼皆金挨星之九星貪狼屬水祿存文昌皆屬木武曲破軍皆屬金廉貞左輔屬土右弼屬火夫天上之星多矣何以只用此九星且又五行互易改今謂元空者以為不當用北斗七星加輔弼為九斥為不經之談蓋斥元空都非是並謂不嚴湊泊用名可也謂元空都非是不可也元空理宗根本河

洛按河出圖洛出書在伏羲氏之世已有八卦九宮躔野為三元九宮之始基自黃帝定甲子之後以太乙占天文奇門占地理六壬占人事於是三元九運之數愈彰只言吉凶消長而已然猶未若精微也故夏之連山數起於西北止於東南商之歸藏數起於東北止於西南至文王乃定河洛之數以正北正南八卦九宮之位以正對三元九星之附麗益真是周以前之卜筮欽如周以後之占驗大著概可知其元空理氣實有彰往察來之效前此數有年事登山猶如目睹蔣公云天下失真奇門惟元空為

真奇門蓋有本之言也寥公之命名岀頭亦有九星如太陽太陰燥火掃蕩太陽日也太陰月也燥火掃蕩何處有此名乎三合家何常不以七星而起生旺庫又三匝貪狼亦以七星起輔弼而為八星又天父地母卦亦用八星自向上起輔弼謂之為挨星乃人不批駁諸家之九星八星七星之不經而獨指摘楊公之九星自唐迄今垂千餘年者不聞有謗九星者何至今謗元空者稍起是由蔣公秘惜挨星太重忌人依之羣起謗之若宜賓更依偽書以招謗世之有毀蔣公挨星者必先毀楊公之九星為非是遂

可遠蔣公一概抹倒，其實九星理原有一白二黑之本名，何用貪狼等星以淆人之多口？焉考楊公在唐時，為司天太史之職，曾得內府玉匣記，公之秘藏，其以九星配九宮，亦必有所見而云然。即如昌平州神宗光宗兩陵，係宗之祖與父也，其凶山惡水在坤兌兩宮內，為參井兩宿，為秦之分野，張李二寇實生於秦。明以七赤運內大凶，交甲申而國亡，二寇亦尋滅。李自成之父被掘，夢嶽神謂之曰：已命破軍星為汝子矣。楊公以破軍七赤，兌宮陝與明陵之凶砂惡水相符，嶽神之言又符七赤八白運內，明祚已終，故初楊公以九星配九宮，蓋寄信而有徵焉。又如科第之兆，兆於隋季，而盛於唐，有云四一同宮，準擬科名之選。又云一白為魁星之慶，四綠為文昌之祥。夫北斗七星，第一星為貪狼，為斗魁，其神為魁星；第四為文曲，其神為文昌。楊公所配，洛書之一宮四宮，今二星同到山向、砂水、門路、牀、主房、灶口，主登科及第，應驗甚奇。三合家以巽辛二方文峯高水，利於科名，殊不知每逢辰戌丑未會試之年，四月魁星到巽，文昌到乾，正當出榜之時，有向山、主房、牀飛到之四一，與元運之四一，年月之四一，即文昌魁星相會，則客居寶後，遲之者其效如神，可知傍九星，未知撥星之妙耳。余故曰古人之法未甚精微，今人之法益密益奇，則地理可上應二十八宿之天象，何止北斗七星而已耶。

九星說下篇

楊公以北斗加輔弼二星、名出頭九星、又以之名洛書紫白九星、已幾析辨之矣、然余自得訣以來、歷考舊畫故、等不之能者、何是何八卦五行生尅為憑、豈有他卦、九星上八卦也、不過九星為流行之八卦、加乎本位不移之八卦、其錯綜與周易六十四卦同耳、貪狼壽星、與奇門之九星同、天蓬即一白坎、天芮即二黑坤、天衝三碧震、天輔四綠巽、天禽五黃、中宮、天心六白乾、天柱七赤兌、天任八白艮、天英即九紫離、其九星加臨之方上下生尅亦是以八卦之五行論生尅益之以休生八門而八門亦八卦也休為一白坎生為八白艮傷為三碧震杜為四綠巽景為九紫離死為二黑坤驚為七赤兌開為六白乾只從兌空與奇門所各有九星之不同均是以周易八卦為準也周易之占以爻象得位與否爻互換變知其吉凶奇門之占以所主之及各有星神視其生尅宜忌與否更參之以八門三奇六儀以知其出入利害與否兌空之視地以向山為神以兌運到向山為神中之用運星入中為用以山星向星入中換星為用中用並周易三奇六儀二法皆以所

得之卦上下論生尅而言也、即以八方飛到之星與坐下論生尅、向星與中宮運星論生尅尤重、有彰往察來之效、此三者又同而不同也。相傳奇門出於黃帝之世、錯綜生尅之間、術合乎六十四卦之刑、已有六十四卦之義、則文王之演易、殆亦有所因乎。元空為地理之書、術不知其所自始、既合乎易經奇門、則其源亦遠矣。世刻有黃帝宅經、海角經、青烏經、其名雖古、究未之敢信、最可笑者、近宜賓及三合家、不知九星為何物、或造成以為圖、或起之於生旺墓庫、或行之為天文地母卦、種種喪心病狂、奈不可恥、可為浩歎

所以盤者皆楊公以九星代紫白之名有以啟之也方今天下習地理者邪說橫行不知凡幾余恐有悞後人故特為發說以宣洩之

占筮類			
1	擲地金聲搜精秘訣	心一堂編	沈氏研易樓藏稀見易占秘鈔本
2	卜易拆字秘傳百日通	心一堂編	
3	易占陽宅六十四卦秘斷	心一堂編	火珠林占陽宅風水秘鈔本
星命類			
4	斗數宣微	【民國】王裁珊	民初最重要斗數著述之一；未刪改本
5	斗數觀測錄	【民國】王裁珊	失傳民初斗數重要著作
6	《地星會源》《斗數綱要》合刊	心一堂編	失傳的第三種飛星斗數
7	《斗數秘鈔》《紫微斗數之捷徑》合刊	心一堂編	珍稀「紫微斗數」舊鈔秘本
8	斗數演例	心一堂編	
9	紫微斗數全書（清初刻原本）	題【宋】陳希夷	斗數全書本來面目；有別於錯誤極多的坊本
10-12	鐵板神數（清刻足本）——附秘鈔密碼表	題【宋】邵雍	無錯漏原版秘鈔密碼表　首次公開！
13-15	蠢子數纏度	題【宋】邵雍	蠢子數連密碼表打破數百年秘傳　首次公開！
16-19	皇極數	題【宋】邵雍	清鈔孤本附起例及完整密碼表研究神數必讀！
20-21	邵夫子先天神數	題【宋】邵雍	附手鈔密碼表研究神數必讀！
22	八刻分經定數（密碼表）	題【宋】邵雍	皇極數另一版本；附手鈔密碼表
23	新命理探原	【民國】袁樹珊	子平命理必讀教科書！
24-25	袁氏命譜	【民國】袁樹珊	
26	韋氏命學講義	【民國】韋千里	民初二大命理家南袁北韋
27	千里命稿	【民國】韋千里	
28	精選命理約言	【民國】韋千里	北韋之命理經典
29	滴天髓闡微——附李雨田命理初學捷徑	【民國】袁樹珊、李雨田	命理經典未刪改足本
30	段氏白話命學綱要	【民國】段方	民初命理經典最淺白易懂
31	命理用神精華	【民國】王心田	學命理者之寶鏡

32	命學探驪集	【民國】張巢雲	發前人所未發 稀見民初子平命理著作
33	澹園命談	【民國】高澹園	
34	算命一讀通——鴻福齊天	【民國】不空居士、覺先居士合纂	
35	子平玄理	【民國】施惕君	
36	星命風水秘傳百日通	心一堂編	
37	命理大四字金前定	題【晉】鬼谷子王詡	源自元代算命術
38	命理斷語義理源深	心一堂編	稀見清代批命斷語及活套
39－40	文武星案	【明】陸位	失傳四百年《張果星宗》姊妹篇 千多星盤命例　研究命學必備
相術類			
41	新相人學講義	【民國】楊叔和	失傳民初白話文相術書
42	手相學淺說	【民國】黃龍	民初中西結合手相學經典
43	大清相法	心一堂編	重現失傳經典相書
44	相法易知	心一堂編	
45	相法秘傳百日通	心一堂編	
堪輿類			
46	靈城精義箋	【清】沈竹礽	沈氏玄空遺珍 玄空風水必讀
47	地理辨正抉要	【清】沈竹礽	
48	《玄空古義四種通釋》《地理疑義答問》合刊	沈瓞民	
49	《沈氏玄空吹虀室雜存》《玄空捷訣》合刊	【民國】申聽禪	
50	漢鏡齋堪輿小識	【民國】查國珍、沈瓞民	
51	堪輿一覽	【清】孫竹田	失傳已久的無常派玄空經典
52	章仲山挨星秘訣（修定版）	【清】章仲山	章仲山無常派玄空珍秘 門內秘本首次公開 沈竹礽等大師尋覓一生末得之珍本！
53	臨穴指南	【清】章仲山	
54	章仲山宅案附無常派玄空秘要	心一堂編	
55	地理辨正補	【清】朱小鶴	玄空六派蘇州派代表作
56	陽宅覺元氏新書	【清】元祝垚	簡易・有效・神驗之玄空陽宅法
57	地學鐵骨秘　附　吳師青藏命理大易數	【民國】吳師青	釋玄空廣東派地學之秘
58－61	四秘全書十二種（清刻原本）	【清】尹一勺	玄空湘楚派經典本來面目 有別於錯誤極多的坊本

62	地理辨正補註　附 元空秘旨　天元五歌　玄空精髓　心法秘訣等數種合刊	【民國】胡仲言	貫通易理、巒頭、三元、三合、天星、中醫
63	地理辨正自解	【清】李思白	公開玄空家「分率尺、工部尺、量天尺」之秘
64	許氏地理辨正釋義	【民國】許錦灝	民國易學名家黃元炳力薦
65	地理辨正天玉經內傳要訣圖解	【清】程懷榮	秘訣一語道破，圖文并茂
66	謝氏地理書	【民國】謝復	玄空體用兼備、深入淺出
67	論山水元運易理斷驗、三元氣運說附紫白訣等五種合刊	【宋】吳景鸞等	失傳古本《玄空秘旨》《紫白訣》
68	星卦奧義圖訣	【清】施安仁	三元玄空門內秘笈　清鈔孤本 過去均為必須守秘不能公開秘密 與今天流行飛星法不同
69	三元地學秘傳	【清】何文源	
70	三元玄空挨星四十八局圖說	心一堂編	
71	三元挨星秘訣仙傳	心一堂編	
72	三元地理正傳	心一堂編	
73	三元天心正運	心一堂編	
74	元空紫白陽宅秘旨	心一堂編	
75	玄空挨星秘圖　附 堪輿指迷	心一堂編	
76	姚氏地理辨正圖說　附 地理九星并挨星真訣全圖　秘傳河圖精義等數種合刊	【清】姚文田等	蓮池心法　玄空六法 門內秘鈔本首次公開
77	元空法鑑批點本——附 法鑑口授訣要、秘傳玄空三鑑奧義匯鈔　合刊	【清】曾懷玉等	
78	元空法鑑心法	【清】曾懷玉等	
79	曾懷玉增批蔣徒傳天玉經補註【新修訂版原（彩）色本】	【清】項木林、曾懷玉	
80	地理學新義	【民國】俞仁宇撰	揭開連城派風水之秘
81	地理辨正揭隱（足本）　附連城派秘鈔口訣	【民國】王邈達	
82	趙連城傳地理秘訣附雪庵和尚字字金	【明】趙連城	
83	趙連城秘傳楊公地理真訣	【明】趙連城	
84	地理法門全書	仗溪子、芝罘子	巒頭風水，內容簡核、深入淺出
85	地理方外別傳	【清】熙齋上人	巒頭形勢、「望氣」「鑑神」
86	地理輯要	【清】余鵬	集地理經典之精要
87	地理秘珍	【清】錫九氏	巒頭、三合天星，圖文並茂
88	《羅經舉要》附《附三合天機秘訣》	【清】賈長吉	清鈔孤本羅經、三合訣法圖解
89-90	嚴陵張九儀增釋地理琢玉斧巒	【清】張九儀	清初三合風水名家張九儀經典清刻原本！

91	地學形勢摘要	心一堂編	形家秘鈔珍本
92	《平洋地理入門》《巒頭圖解》合刊	【清】盧崇台	平洋水法、形家秘本
93	《鑒水極玄經》《秘授水法》合刊	【唐】司馬頭陀、【清】鮑湘襟	千古之秘，不可妄傳匪人
94	平洋地理闡秘	心一堂編	雲間三元平洋形法秘鈔珍本
95	地經圖說	【清】余九皋	形勢理氣、精繪圖文
96	司馬頭陀地鉗	【唐】司馬頭陀	流傳極稀《地鉗》
97	欽天監地理醒世切要辨論	【清】欽天監	公開清代皇室御用風水真本
三式類			
98-99	大六壬尋源二種	【清】張純照	六壬入門、占課指南
100	六壬教科六壬鑰	【民國】蔣問天	由淺入深，首尾悉備
101	壬課總訣	心一堂編	過去術家不外傳的珍稀六壬術秘鈔本
102	六壬秘斷	心一堂編	
103	大六壬類闡	心一堂編	
104	六壬秘笈——韋千里占卜講義	【民國】韋千里	六壬入門必備
105	壬學述古	【民國】曹仁麟	依法占之，「無不神驗」
106	奇門揭要	心一堂編	集「法奇門」、「術奇門」精要
107	奇門行軍要略	【清】劉文瀾	條理清晰、簡明易用
108	奇門大宗直旨	劉毗	天下孤本 首次公開
109	奇門三奇干支神應	馮繼明	虛白廬藏本《秘藏遁甲天機》
110	奇門仙機	題【漢】張子房	奇門不傳之秘 應驗如神
111	奇門心法秘纂	題【漢】韓信（淮陰侯）	
112	奇門廬中闡秘	題【三國】諸葛武侯註	
選擇類			
113-114	儀度六壬選日要訣	【清】張九儀	清初三合風水名家張九儀擇日秘傳
115	天元選擇辨正	【清】一園主人	釋蔣大鴻天元選擇法
其他類			
116	述卜筮星相學	【民國】袁樹珊	民初二大命理家南袁北韋
117-120	中國歷代卜人傳	【民國】袁樹珊	南袁之術數經典

編號	書名	作者	簡介
占筮類			
121	卜易指南(二種)	【清】張孝宜	民國經典，補《增刪卜易》之不足
122	未來先知秘術——文王神課	【民國】張了凡	內容淺白、言簡意賅、條理分明
星命類			
123	人的運氣	汪季高(雙桐館主)	五六十年香港報章專欄結集！
124	命理尋源	【民國】徐樂吾	民國三大子平命理家徐樂吾必讀經典！
125	訂正滴天髓徵義	【民國】徐樂吾	民國三大子平命理家徐樂吾必讀經典！
126	滴天髓補註 附 子平一得	【民國】徐樂吾	民國三大子平命理家徐樂吾必讀經典！
127	窮通寶鑑評註 附 增補月談賦 四書子平	【民國】徐樂吾	民國三大子平命理家徐樂吾必讀經典！
128	古今名人命鑑	【民國】徐樂吾	民國三大子平命理家徐樂吾必讀經典！
129-130	紫微斗數捷覽(明刊孤本)[原(彩)色本] 附 點校本 (上)(下)	馮一、心一堂術數古籍整理編校小組 整理	明刊孤本 首次公開！
131	命學金聲	【民國】黃雲樵	民國名人八字、六壬奇門推命
132	命數叢譚	【民國】張雲溪	子平斗數共通、百多民國名人命例
133	定命錄	【民國】張一蟠	民國名人八十三命例詳細生平
134	《子平命術要訣》《知命篇》合刊	【民國】鄒文耀、【民國】胡仲言 撰	《子平命術要訣》科學命理；《知命篇》易理皇極、命理地理、奇門六壬互通
135	科學方式命理學	閻德潤博士	匯通八字、中醫、科學原理！
136	八字提要	韋千里	民國三大子平命理家韋千里必讀經典！
137	子平實驗錄	【民國】孟耐園	作者四十多年經驗 占卜奇靈 名震全國！
138	民國偉人星命錄	【民國】囂囂子	幾乎包括所民初總統及國務總理八字！
139	千里命鈔	韋千里	失傳民初三大命理家-韋千里 代表作
140	斗數命理新篇	張開卷	現代流行的「紫微斗數」內容及形式上深受本書影響
141	哲理電氣命數學——子平部	【民國】彭仕勛	命局按三等九級格局、不同術數互通借用
142	《人鑑——命理存驗·命理擷要》(原版足本)附《林庚白家傳》	【民國】林庚白	傳統子平學修正及革新、大量名人名例
143	《命學苑苑刊——新命》(第一集)附《名造評案》《名造類編》等	【民國】林庚白、張一蟠等撰	史上首個以「唯物史觀」來革新子平命學結集
相術類			
144	中西相人採原	【民國】袁樹珊	按人生百歲，所行部位，分類詳載
145	新相術	【美國】字拉克福原著、【民國】沈有乾編譯	通過觀察人的面相身形、色澤舉止等，得知性情、能力、習慣、優缺點等
146	骨相學	【民國】風萍生編著	結合醫學中生理及心理學，影響近代西、日、中相術深遠
147	人心觀破術 附運命與天稟	【日本】管原如庵、加藤孤雁原著，【民國】唐真如譯	觀破人心、運命與天稟的奧妙

148	《人相學之新研究》《看相偶述》合刊	盧毅安	集中外大成，無不奇驗；影響近代香港相術名著
149	冰鑑集	【民國】碧湖鷗客	各家相法精華、相術捷徑、圖文並茂附名人照片
150	《現代人相百面觀》《相人新法》合刊	【民國】吳道子輯	失傳民初相學經典二種 重現人間！
151	性相論	【民國】余晉龢	民初北平公安局專論相學與犯罪專著（犯罪學生物學派）
152	《相法講義》《相理秘旨》合刊	韋千里、孟瘦梅	命理學大家韋千里經典、傳統相術秘籍精華
153	《掌形哲學》附《世界名人掌形》《小傳》	【民國】余萍客	圖文并茂、附歐美名人掌形圖及生平簡介
154	觀察術	【民國】吳貴長	可補充傳統相術之不足
堪輿類			
155	羅經消納正宗	【明】沈昇撰、【明】史自成、丁孟章合纂	失傳四庫存目珍稀風水古籍
156	風水正原	【清】余天藻	●積德為求地之本，形家必讀！ ●純宗形家，與清代欽天監地理風水主張大致相同
157	安溪地話（風水正原二集）		
158	《蔣子挨星圖》附《玉鑰匙》	【清】蔣大鴻等傳	窺知無常派章仲山一脈真傳奧秘
159	樓宇寶鑑	吳師青	陽宅風水必讀、現代城市樓宇風水看法改革
160	《香港山脈形勢論》《如何應用日景羅經》合刊		香港風水山脈形勢專著
161	三元真諦稿本——讀地理辨正指南	【民國】王元極	被譽為蔣大鴻、章仲山後第一人
162	三元陽宅萃篇		內容直接了當，盡揭三元玄空家之秘
163	王元極增批地理冰海 附批點原本地理冰海	【清】高守中【民國】王元極	
164	地理辨正發微	【清】唐南雅	極之清楚明白，披肝露膽
165-167	增廣沈氏玄空學 附 仲山宅斷秘繪稿本三種、自得齋地理叢說稿鈔本（上）（中）（下）	【清】沈竹礽	玄空必讀經典！附《仲山宅斷》幾種鈔本及批點本，畫龍點晴、披肝露膽，道中刊印本未點破的秘訣
168-169	巒頭指迷（上）（下）	【清】尹貞夫原著、【民國】何廷珊增訂、批注	圖文并茂：龍、砂、穴、水、星辰九十九變 洩漏天機：蔣大鴻、賴布衣挨星秘訣及用法
170-171	三元地理真傳（兩種）（上）（下）	【清】趙文鳴	蔣大鴻嫡派真傳張仲馨一脈二十種家傳秘本、宅墓案例三十八圖，並附天星擇日
172	三元宅墓圖 附 家傳秘冊		
173	宅運撮要	【民國】尤惜陰（演本法師）、榮柏雲	撮三集《宅運新案》之精要
174	章仲山秘傳玄空斷驗筆記 附 章仲山斷宅圖註	【清】章仲山傳、【清】唐鷺亭纂	無常派玄空不外傳秘中秘！二宅實例有斷驗及改造內容
175	汪氏地理辨正發微 附 地理辨正真本	【清】蔣大鴻、姜垚原著、【清】汪云吾發微	蔣大鴻嫡派張仲馨一脈三元理、法、訣具體泄露
176	蔣大鴻家傳歸厚錄汪氏圖解	【清】蔣大鴻、【清】汪云吾圖解	三百年來最佳《地理辨正》註解！石破天驚！
177	蔣大鴻嫡傳三元地理秘書十一種批注	【清】蔣大鴻原著、【清】汪云吾、【清】劉樂山註	

178	《星氣(卦)通義(蔣大鴻秘本四十八局圖并打劫法)》《天驚秘訣》合刊	題【清】蔣大鴻 著	江西興國真傳三元風水秘本
179	蔣大鴻嫡傳天心相宅秘訣全圖附陽宅指南等秘書五種	【清】蔣大鴻編訂、【清】汪云吾、劉樂山註	蔣大鴻徒張仲馨秘傳陽宅風水「教科書」！
180	家傳三元地理秘書十三種		真天宮之秘 千金不易之寶
181	章仲山門內秘傳《堪輿奇書》附《天心正運》	【清】章仲山傳、【清】華湛恩	直洩無常派章仲山玄空風水不傳之秘
182	《挨星金口訣》、《王元極增批補圖七十二葬法訂本》合刊	[民國]王元極	秘中秘——玄空挨星真訣公開！字字千金！
183-184	《家傳三元古今名墓圖集附謝氏水鉗》《蔣氏三元名墓圖集》合刊(上)(下)	(清)孫景堂，劉樂山，張稼夫	蔣大鴻嫡傳風水宅案、幕講師、蔣大鴻、姜垚等名家多個實例，破禁公開！
185-186	《山洋指迷》足本兩種 附《尋龍歌》(上)(下)	【明】周景一	風水巒頭形家必讀《山洋指迷》足本！
187-196	蔣大鴻嫡傳水龍經注解 附 虛白廬藏珍本水龍經四種(1-10)	【清】蔣大鴻編訂、【清】楊臥雲、汪云吾、劉樂山註	蔣大鴻嫡傳一脈授徒秘笈 希世之寶 千年以來，師師相授之秘旨，破禁公開！ 完整了解蔣氏嫡派真傳一脈三元理、法、訣！ 附已知最古《水龍經》鈔本等五種稀見《水龍經》
197	批注地理辨正直解	【清】章仲山	無常派玄空必讀經典未刪改本！
198	《天元五歌闡義》附《元空秘旨》(清刻原本)		
199	心眼指要(清刻原本)		
200	華氏天心正運	【清】華湛恩	
201-202	批注地理辨正再辨直解合編(上)(下)	【清】蔣大鴻原著、【清】姚銘三再註、【清】章仲山直解	失傳姚銘三玄空經典重現人間！ 名家：沈竹礽、王元極推薦！
203	章仲山注《玄機賦》《元空秘旨》附《口訣中秘訣》《因象求義》等九種合刊	【清】章仲山	近三百年來首次公開！章仲山無常派玄空秘密，和盤托出！ 章仲山注《玄機賦》及章仲山原傳之口訣及筆記
204	章仲山門內真傳《三元九運挨星篇》《運用篇》《挨星定局篇》《口訣篇》等合刊	【清】章仲山、柯遠峰等	
205	章仲山門內真傳《大玄空秘圖訣》《天驚訣》《飛星要訣》《九星斷略》《得益錄》等合刊	【清】章仲山、冬園子等	
206	撼龍經真義	吳師青註	近代香港名家吳師青必讀經典
207	章仲山嫡傳《翻卦挨星圖》《秘鈔元空秘旨》附《秘鈔天元五歌闡義》	【清】章仲山傳、【清】王介如輯撰	透露章仲山家傳玄空嫡傳學習次弟及關鍵不傳之秘
208	章仲山嫡傳秘鈔《秘圖》《節錄心眼指要》合刊		
209	《談氏三元地理大玄空實驗》附《談養吾秘稿奇門占驗》	【民國】談養吾撰	史上首次公開「無常派」下卦起星等挨星秘密之書
210	《談氏三元地理濟世淺言》附《打開一條生路》		了解談氏入世的易學卦德爻象思想
211-215	《地理辨正集註》附《六法金鎖秘》《巒頭指迷真詮》《作法雜綴》等(1-5)	【清】尋緣居士	集《地理辨正》一百零八家註解大成精華 匯巒頭及蔣氏、六法、無常、湘楚等秘本 史上最大篇幅的《地理辨正》註解
216	三元大玄空地理二宅實驗(足本修正版)	【民國】尤惜陰(演本法師)、榮柏雲撰	三元玄空無常派必讀經典足本修正版

217	蔣徒呂相烈傳《幕講度針》附《元空秘斷》《陰陽法竅》《挨星作用》	【清】呂相烈	蔣大鴻門人呂相烈三元秘本三百年來首次破禁公開！
218	挨星撮要（蔣徒呂相烈傳）		
219-221	《沈氏玄空挨星圖》《沈註章仲山宅斷未定稿》《沈氏玄空學（四卷原本）》合刊（上中下）	【清】沈竹礽 等	揭開沈氏玄空挨星五行吉凶斷的變化及不同用法 章仲山宅斷未刪本、沈氏玄空學原本佚文、玄空挨星圖稿鈔本 大公開！
222	地理穿透真傳（虛白廬藏清初刻原本）	【清】張九儀	三合天星家宗師張九儀畢生地學精華結集
223-224	地理元合會通二種（上）（下）	【清】姚炳奎	分發兩家（三元、三合）之秘，會通其用 詳解注羅盤（蔣盤、賴盤）；義理、斷驗俱精
其他類			
225	天運占星學 附 商業周期、股市粹言	吳師青	天星預測股市，神準經典
226	易元會運	馬翰如	《皇極經世》配卦以推演世運與國運
三式類			
227	大六壬指南（清初木刻五卷足本）		六壬學占驗課案必讀經典海內善本
228-229	甲遁真授秘集（批注本）（上）（下）	【清】薛鳳祚	明清皇家欽天監秘傳奇門遁甲 奇門、易經、皇極經世結合經典
230	奇門詮正	【民國】曹仁麟	簡易、明白、實用，無師自通！
231	大六壬探源	【民國】袁樹珊	民初三大命理家袁樹珊研究六壬四十餘年代表作
232	遁甲釋要	【民國】徐昂	推衍遁甲、易學、洛書九宮大義！
233	《六壬卦課》《河洛數釋》《演玄》合刊		疏理六壬、河洛數、太玄隱義！
234	六壬指南（【民國】黃企喬）	【民國】黃企喬	失傳經典 大量實例
選擇類			
235	王元極校補天元選擇辨正	原【清】謝少暉輯、【民國】王元極校補	三元地理天星選日必讀
236	王元極選擇辨真全書 附 秘鈔風水選擇訣	【民國】王元極	王元極天昌館選擇之要旨
237	蔣大鴻嫡傳天星選擇秘書注解三種	【清】蔣大鴻編訂、【清】楊臥雲、汪云吾、劉樂山註	蔣大鴻陰陽二宅天星擇日日課案例！
238	增補選吉探源	【民國】袁樹珊	按表檢查，按圖索驥：簡易、實用！
239	《八風考略》《九宮撰略》《九宮考辨》合刊	沈瓞民	會通沈氏玄空飛星立極、配卦深義
其他類			
240	《中國原子哲學》附《易世》《易命》	馬翰如	國運、世運的推演及預言